Anonymous

Oesterreich gegenüber Preußen und Deutschland in den Jahren 1848-1858

Geschrieben Ende 1858

Anonymous

Oesterreich gegenüber Preußen und Deutschland in den Jahren 1848-1858
Geschrieben Ende 1858

ISBN/EAN: 9783743690288

Hergestellt in Europa, USA, Kanada, Australien, Japan

Cover: Foto ©ninafisch / pixelio.de

Weitere Bücher finden Sie auf **www.hansebooks.com**

Oesterreich

gegenüber Preußen und Deutschland

in den Jahren 1848—1858.

Geschrieben Ende 1858.

Separat-Abdruck aus der „Berliner Revue."

Berlin, 1866.
Druck und Verlag von A. Paul (Firma: A. Paul & Co.).
Kronenstraße 21.

Das System Metternich's.

Fürst Metternich hat sich über die Stellung Oesterreichs zu Deutschland und über die Oesterreich daraus erwachsende Aufgabe nicht getäuscht. Hatte er Unrecht, wenn er, ausgehend von der unläugbaren Thatsache, daß Oesterreich in seiner Zusammensetzung ein vorherrschend slavisch-magyarischer Staat sei, die Ansicht festhielt, daß seine innere Politik von der des übrigen Deutschlands ganz abweichen müsse, und ebenso Oesterreichs Verhältniß zum deutschen Bund nur ein gemeinsames militairisches Schutz- und Trutzbündniß gegen jeden auswärtigen Feind sowohl als gegen alle inneren aus Frankreich nach Deutschland herübergespielten revolutionairen Tendenzen und Bewegungen sei? Die österreichische Hauspolitik der Vergangenheit wies nach Westen, als Spanien, die Niederlande, die altösterreichischen Länder die Hauptbesitzgruppen bildeten und Frankreich als der Erbfeind der Habsburger galt. Da mußte man nach der Herrschaft in Deutschland verlangen, in dem zwischen den Niederlanden und Oesterreich liegenden Deutschland festen Fuß fassen. Aber als die westliche Gränze eingeschränkt, die östliche ausgedehnt wurde, mußte der östliche Charakter vorherrschend werden, durfte der Schwerpunkt Oesterreichs nicht länger an seiner Peripherie gesucht, nicht die Geltung beim Nachbarvolke an die Stelle des Gewichtes des eigenen Staats gesetzt werden. Die veränderte Stellung Oesterreichs sprach sich zuerst formell in der Errichtung des Erbkaiserthums, also wenigstens einer nominellen Einheit für die bunten Einzelheiten, aus. Damit war gewissermaßen der ganzen Vergangenheit der Abschied gegeben, der alte Anspruch auf die deutsche Reichsgewalt für immer aufgegeben. Die harten Lehrjahre der deutschen Nation und ihrer Regierungen zu Anfang dieses Jahrhunderts hätten dann weiter dazu dienen können, den neuen Verhältnissen die entsprechende Form, den organischen Abschluß zu geben. Aber diese Aufgabe wurde nicht gelöst. Der Wiener Congreß brachte nur ein Provisorium, einen unbestimmten Uebergang, in dem eine Erinnerung mehr galt als alle bittere Erfahrung. Was die einzelnen Staaten selbst nicht wurden, konnte das Ganze auch nicht werden. Man griff, so gut es immer anging, zu den alten Verhältnissen zurück, und so mochte auch Oesterreich das Präsidium des neuen Bundes übernehmen, das aber ausdrücklich nur für einen „Vorsitz" unter „Gleichberechtigten" erklärt wurde.

Oesterreich war nur in seinem eigenen, nicht in rein deutschem Interesse Mitglied des deutschen Bundes geworden. Von einer lebendigen,

nationalen Verbindung konnte keine Rede sein. Oesterreich war kein vorherr=
schend deutscher Staat, sondern ein vorwiegend slavisch=ungarisch=italienischer
Staatencomplex, in dem sich die einzelnen Nationalitäten zu einem möglichst
selbständigen Leben emporarbeiteten, Berücksichtigung ihrer Sonderinteressen
forderten, und durch keine Sympathie der Sprache, Religion und Sitte mit
Deutschland verbunden waren, wie auch unter ihnen selbst während der
deutschen Periode Oesterreichs keine politische Berührung stattgefunden hatte
(außer durch die Gemeinsamkeit des Herrschers) und sie nur mechanisch an
einander gefügt waren. Selbst für die deutschredenden Völker Oesterreichs
war Deutschland „draußen im Reich". Die deutsche Politik Oesterreichs konnte
daher immer nur eine österreichische sein. Der Plan Joseph's II., Deutsch=
land mit Oesterreich auf immer zu verbinden, der in sehr ausgesprochenen
Entwürfen zur Vergrößerung der österreichischen Hausmacht auf deutschem
Boden einherging, scheiterte an Friedrichs des Großen scharfsichtiger deut=
scher Politik. Zwischen der von Oesterreich eingeleiteten Besitznehmung
Bayerns und der Eroberung des Reichs konnte auch Joh. v. Müller
nur den Unterschied finden, daß „jene vor gehen muß, diese aber hierauf
nicht wohl zu hindern sein wird." Joseph's Versuche bewirkten sogar das
Gegentheil dessen was er anstrebte: einmal weckten sie das Nationalgefühl der ver=
schiedenen Volksstämme Oesterreichs aus seinem langen Schlummer; und dann
richteten sie die Aufmerksamkeit Deutschlands auf die ihm von dieser Seite
drohenden Gefahren, eine Aufmerksamkeit, die seitdem nie mehr ganz er=
loschen ist.

Fürst Metternich, der Staatsmann des alten Oesterreich, ging einen
andern Weg. Er kannte die Elemente, die er zusammenzuhalten und zu lei=
ten hatte. Oesterreich sollte, wohin alle Verhältnisse wiesen, eine südöstliche
Macht werden. Aber der Einfluß auf Deutschland sollte dabei nicht nur
nicht aufgegeben, sondern selbst zu einem politischen Uebergewicht gesteigert
werden, wozu in der Leitung der Angelegenheiten des deutschen Bundes die
Handhabe bereit lag. Was nicht unmittelbar zu beherrschen war, konnte
wenigstens dienstbar gemacht werden. Dies war in der That nichts Ande=
res als die alte Habsburgische Haus= und Erbpolitik in einer durch die Zeit
modifizirten Gestalt; nur daß die politische Entwickelung, die über Manches
dahingegangen war, für die Durchführung dieser Aufgabe ein Aufgebot be=
sonderer Mittel und Wege forderte. Für das politische Uebergewicht in
Deutschland an die Herstellung der deutschen Kaiserkrone auf dem Haupte
der Habsburg=Lothringer zu denken, welche auch auf dem Congreße eine
Rolle spielte, kam nicht in des klugen Staatsmannes Sinn. Soweit hatte
auch Er Gang und Geist der Befreiungskriege erkannt, um sich sagen zu
müssen, das von der nationalen Erhebung hochgetragene Preußen werde und
könne keinen deutschen Kaiser neben sich sehen, dem es sich unterzuordnen
habe. Ueber ein neues Kaiserthum im Hause Habsburg war die Zeit da
hingegangen und Metternich kein Ideologe. Aber das Kaiserthum an sich
wäre auch nur eine Form für den mächtig erwachten Einheitsdrang der
Nation gewesen, und dieser Einheitsdrang war es, in dem Metternich den

gefährlichsten Gegner für seine deutsche Politik mit Recht erblicken, und
gegen den er alle Hülfsmittel der eigenen Klugheit und der Lage aufbieten
mußte. Leider kam ihm dabei nur zu viel entgegen. Vor Allem mußte
dem deutschen Bunde selbst, diesem Kinde des Befreiungskrieges, schon bei
seiner zweiten Taufe soviel als möglich von seinem Geburtsrechte entzogen
werden. Jedes zu enge Anschließen konnte bedenklich erscheinen; hatte noch
die Prozeßordnung von 1817 in dem deutschen Bunde „einen mit einem gemeinschaftlichen Nationalbande verbundenen Staatenverein" gekannt, so weiß
schon die Wiener Schlußakte vom 15. Mai 1820 nur noch von „einem völkerrechtlichen Verein souverainer Fürsten." So hatte man glücklich die
schwache „nationale" Färbung verwischt, und mit der Lockerung zu einem
„völkerrechtlichen Verein" war auch dem Organe des Bundes jene Passivität
und Unbeweglichkeit aufgedrückt, welche dem Metternich'schen Stabilitätssystem
ebenso entsprechen mußte, wie dem Souveränetätsschwindel und Particularis-
mus der mittleren und kleinen Staaten. Damit indeß war noch nicht Alles
gethan. Es gab noch eine Macht, welcher der Eingang in Oesterreich ver-
sperrt werden mußte: Deutscher Geist, deutsche Wissenschaft und Literatur.
Metternich ahnte, wie gefährlich diese Elemente seinem Oesterreich werden
müßten. Daher die Strenge der Censur gegen die deutsche Presse, während
die ungarische, böhmische ꝛc. sich freierer Bewegung erfreute. Zwischen dem
Völkergemische des österreichischen Kaiserstaats und Deutschland sollte es keine
nähere Verbindung geben, nicht mal eine geistige — die geistige Hegemonie
gehörte nicht unter die Ansprüche Oesterreichs an Deutschland. Die Entwickelung des constitutionellen Deutschlands paßte nicht zu dem Glaubensar-
tikel des absolut monarchischen Oesterreich, daß sein Bestehen mit dem Glauben des Volks an die Untrüglichkeit und Unverletzlichkeit der Regierung
unverbrüchlich verbunden sei, und die freie Presse das Princip der absoluten
Souveränetät gefährde. Man weiß, wie schon das Wort „Constitution"
gewissen Ohren ein Gräuel war.

Fassen wir das System Metternichs in Bezug auf Deutschland kurz
zusammen, so war es das „Heraushalten Oesterreichs aus Deutschland", die
Absperrung gegen Deutschland, gegen den deutschen Geist, die deutsche
Wissenschaft und Literatur, verbunden mit dem Bemühen, die Verhältnisse
Deutschlands sich gerade nur so vorstellen zu lassen, daß sie diesem System
keine Störung bereiteten und seine Durchführung nicht hinderten. Man
schloß sich von Deutschland nur ab, um hier die planmäßige Repressivpolitik,
die man in den eigenen Staaten unmittelbar übte, mittelbar zur Geltung
zu bringen. Nicht Deutschland sollte Oesterreich in den Kreis seines beweg-
teren, zukunftsreichen Lebens ziehen dürfen, sondern Oesterreich wollte letzteres
soweit überwachen und niederhalten, daß es seinen eigenen Einfluß in deutsche
Angelegenheiten, sein politisches Uebergewicht nicht beeinträchtige. Und man
muß gestehen: soweit es Einem Manne überhaupt möglich sein kann, die in
einer Nation treibenden und zur Erscheinung strebenden Kräfte zu beherrschen,
Fürst Metternich hat in dieser Hinsicht Erstaunliches geleistet. Mit diesem
Systeme nicht unverträglich war es in einem gewissen Umfange, daß Oester-

1*

reich im Einvernehmen mit Preußen diesem, die auf einem engen Kreis beschränkten deutschen Angelegenheiten überlassen oder zu überlassen scheinen konnte, um dafür als Gegenleistung Preußens Mitwirkung in allen europäischen Fragen sicher zu sein.

***

II.
Die Krise 1848.

Der Gedanke der deutschen Nationaleinheit, in seinem ersten Entstehen von der Metternich'schen Politik, dieser scharfsichtigen Wächterin des Conservativismus und der Stabilität, verfehmt, weil sie im Kampfe mit dem gefährlichen Gegner nichts zu gewinnen, Alles zu verlieren hatte, wurde von dem Jahre 1848 in die Geschichte eingeführt; dieses Jahr sah den Versuch, ihm eine bestimmte, dauernde Gestalt zu geben.

Was in den drei Jahrzehnten seit des deutschen Volkes heldenmüthigem Befreiungskampfe, bei dem es sich um das Nationaldasein gehandelt, für Deutschland geschehen, konnte eher als eine Verhöhnung der Nationaleinheit erscheinen. Der Conflict unvereinbarer Ansprüche hatte, wie er es zu keinem recht starken Preußen kommen ließ, auch kein mächtiges Deutschland schaffen lassen. Wie wenig geschah für den Vollzug des ohnehin so kurz und kümmerlich weggekommenen Art. 13 der Bundesacte gegenüber der wetteifernden Freigebigkeit für den Art. 14! Dreißig verschiedene Mauthlinien durchzogen Deutschland, und welche Schwierigkeiten hatte Preußen zu überwinden, bis der Zollverein wenigstens auf diesem Gebiete eine theilweise Einheit schuf! Jahrelang durfte Holland mit seinem „bis an's Meer" oder „bis in's Meer" der deutschen Langmuth spotten. Eine von Beschränktheit des Geistes inspirirte Censur — die Erfüllung der versprochenen Preßfreiheit! — bedrohte selbst den einheitlichen Besitz der Wissenschaft und die Aufhebung der Oeffentlichkeit der Bundestagsverhandlungen, sollte der Verhöhnung des alten historischen, wie des neuen geschriebenen Rechtes Thür und Thor öffnen. Das Hausmittelchen der besten Katholiken, der Römer, schien auch ein deutsches Hausmittel geworden zu sein: passato il pericolo, gabbato il santo. So mag man sich billig mehr verwundern, daß jener nationale Gedanke, die fortwährende geistige Reaction gegen den Zustand der Dinge, der die Ohnmacht Deutschlands unterhielt, sich noch immer lebendig zu erhalten vermochte. Hatten anderntheils auch das Wesen der nationalen Einheit selbst und die Mittel zur Befriedigung des Einigungsbedürfnisses, das über die Bundesverfassung hinausreichte, sich nicht zu bestimmter Klarheit durcharbeiten können, der Gedanke selbst war trotz aller Gegenstrebungen mächtig in das öffentliche Bewußtsein übergegangen, und hatte sich selbst von seinen frühern Gegnern Anerkennung erzwungen. Der Bundesbeschluß vom 8. März 1848, welcher eine Revision der Bundesverfassung „auf wahrhaft zeitgemäßer und nationaler Grundlage für nothwendig" erklärte, schien die freilich späte Erfüllung jener bald vergessenen Verheißung werden zu sollen, welche bei der Eröffnung der Bundesversammlung am 5. November

1816 „die freie öffentliche Meinung der Nation für den Leitstern ihrer Berathungen, die Erfüllung des Nationalbedürfnisses für ihre heilige Pflicht erklärte. Auch die Kabinetspolitik mußte die Einigungsidee in ihre Programme aufnehmen; und es wäre gewiß ein großer Irrthum, wollte man annehmen, daß Alles was in dieser Richtung von den Regierungen geschehen, nicht aufrichtig, nur Schein und diplomatisches Gaukelspiel gewesen. Wir anerkennen, daß das Scheitern der Versuche auch von dieser Seite schließlich zum Theil in Verhältnissen zwingender Natur gelegen, denen sich zuletzt nicht die geringste Veränderung abgewinnen ließ.

Von dem Augenblicke an, wo die Frankfurter Nationalversammlung an ihrer Aufgabe gescheitert, konnte ein scharfer Beobachter der Dinge über den ferneren Verlauf kaum mehr ungewiß sein. Zwar hatte Preußen die deutsche Sache, die es zweifellos erst genommen, nicht fallen gelassen; aber seine weiteren Versuche, Deutschland die erwartete Einheit und Freiheit zu geben, wurden von dem mittlerweile hinlänglich erstarkten Widerstreben Oesterreichs vereitelt, das die deutsche Nationalität mehr als jede andere fürchtet, und sich bei diesem Widerstreben von Allem unterstützt fand, was von der Erfüllung der höchsten Aufgabe der deutschen Nationalpolitik für seine Einzelsouveränetät Verluste besorgen mußte. Aber Oesterreich blieb nicht hiebei stehen; es ging weiter und mußte weitergehen. Nicht zufrieden damit, Preußens Anlauf zur Hegemonie Deutschlands, mit der sich, wenn auch nicht mehr ganz auf dem ursprünglichen Wege, auch die Neugestaltung Deutschlands in einheitlicher Kraft und Würde erfüllen zu sollen schien, vereitelt zu haben, galt es sich selbst an die Stelle zu setzen und so auf die eine oder andere Weise jedem Versuch einer gefährlichen Wiederholung vorzubeugen. Oesterreich nahm den Gedanken Preußens auf. Das Glück hatte es in Fürst Schwarzenberg einen Staatsmann finden lassen, der, zur rechten Stunde an die Spitze des tief erschütterten Staates getreten, die Erhaltung Oesterreichs nicht nur, auch dessen Hegemonie in Deutschland sich zur Aufgabe setzte, und dieser die ganze Kühnheit und Rücksichtslosigkeit seiner Politik widmete. Es war ein Wagstück, dem eine Reihe günstiger Umstände, vor Allem die noch gestaltlose Uebergangszeit, die Unklarheit der Bewegung, zu Hülfe kam, ja es herauszufordern schien.

Werfen wir einen allgemeinen Blick auf diese Hergänge, die Grundlagen der hegemonischen Politik in Oesterreich, die für Deutschland so verhängnißvoll werden sollte.

III.
Die hegemonischen Bestrebungen Oesterreichs seit 1848.

Den merkwürdigsten Umschwung bewirkten die Ereignisse des Jahres 1848 in Oesterreich. Es war wie der Rückprall einer lange Zeit gewaltsam zurückgehaltenen starken Feder, wenn die Kraft, welche sie zusammengedrückt, entfernt ist. Die wilde Woge der Revolution ergriff diese eben noch darniedergehaltenen Völker fast widerstandslos und riß sie einem unbekannten, von den Wenigsten geahnten oder gar klar ins Auge gefaßten Ziele zu. Was aber in dieser entfesselten Drang- und Sturmzeit nicht verloren ge= gangen, war die verschiedene Nationalität, die Leidenschaft des Stammes, die Verschiedenheit des politischen Ehrgeizes — ein Chaos von Bestrebungen, Wünschen und Zielen. Einig war man bei den entgegengesetztesten National= charakteren und Interessen einzig darüber, daß das bisherige Staatswesen von Grund aus umgestaltet werden müsse. Es hatte kein geschichtlicher Uebergang stattgefunden, ein Schnitt, der das Alte gänzlich von dem noch gährenden Neuen scharf abschied. Jenes Staatswesen selbst aber war beim ersten Aufleuchten der Revolution in sich zusammengebrochen. Um sein weiteres Zertrümmern oder auch um seinen Wiederaufbau, stritten sich die verschiedensten Elemente. Denn die eigenthümlichen Verhältnisse Oesterreichs kamen jetzt erst ungehindert zu Tage. Bei den nichtdeutschen Völkerstämmen erwies sich das Streben nach einer möglichst uneingeschränkten nationalen Selbständigkeit stärker als das Verlangen nach politischer Freiheit; und so wurde nicht die Frage nach dem Maße der letztern, sondern die Frage über die Stellung der einzelnen Landestheile zum Gesammtstaate zum eigentlichen Unterscheidungsmerkmale der Parteien. Centralisten und Föderalisten, übri= gens in den mannigfaltigsten politischen Meinungsschattirungen, stritten um den Sieg. Wollten die Einen das in Stücke gehende Oesterreich als Ein= heitsstaat constituiren, so gedachten die Andern aus ihm einen Bundesstaat zu machen. Damit aber waren die Gegensätze noch keineswegs erschöpft. Von den vier Nationalitäten der Monarchie hatten zwei, die ungarische und italienische, einen Weg betreten, welcher zum Abfall führen mußte, oder selbst schon offener Abfall war. Die beiden andern aber kämpften um die Ober= hoheit im Reiche: Deutsche und Slaven. Die Slaven erhoben nach dem Rechte der Mehrheit den Anspruch, Oesterreich in ein slavisches Reich umzugestalten, in ein mächtiges, selbständiges Oesterreich, ein Oesterreich, das Deutschlands nicht bedürfte. Die Deutschen fühlten die ganze Gefahr dieser Wendung. Wien hatte die Revolution gemacht, den Anstoß gegeben: hier herrschte die deutsch=nationale Richtung in Verbindung mit der freiheit= lichen vor. Sollten Wien und das deutsche Element ihr seitheriges Ueber= gewicht nicht verlieren, der centralisirte Staat nicht in einen noch lockereren Bundesstaat übergehen, so mußte eine Stütze in der großen deutschen Be= wegung gesucht werden. Die nationale deutsche Partei fand so ihren natür= lichen Schwerpunkt in Frankfurt. Schlug sie dann noch eine Trennung des Kaiserstaats in seine deutschen (einschließlich der deutsch=slavischen) und nicht deutschen Elemente vor, wobei blos noch die Person des Regenten das eini= gende Band bilden sollte, so war dies nur die Consequenz der augenblickli= chen Lage, der slavischen Anmaßungen und der Nothwehr. Zwischen den Slaven und Deutschen hatte sich noch eine Gruppe, die sogenannten „Schwarz= gelben" gebildet. Es war das abstracte, oder wenn man will, das speci= fische Oesterreicherthum, der Begriff Oesterreich, abgesehen von der natio= nalen Färbung. Die Schwarzgelben hatten instinctartig die Schwäche Oester= reichs herausgefühlt; darum wollten sie gar nichts von einer Nationalitäts=

Politik in Oesterreich wissen; sie protestirten gegen die Einführung nationaler Kategorien in die Verfassung. Wollten sie wie die Andern gleichfalls eine Constitution, so war dies nicht die Ueberzeugung von deren Werth an sich, sondern die entschiedene Unmöglichkeit, für den Augenblick anders zu wollen, und die stille Hoffnung, daß endlich doch das alte Oesterreich wieder aus den Wirren hervorgehen werde. Ohne dem Absolutismus gerade hold zu sein (wenigstens in ihrer Mehrzahl), waren sie conservative Centralisten und erblickten in einem Bundesstaat nur den Vorläufer des gänzlichen Zerfallens Oesterreichs. Die Mehrzahl der Schwarzgelben konnte sich daher, wie sie der halbliberalen octroyirten Verfassung, die sich für den Einheitsstaat entschied, zustimmte, später auch mit dem Siege des Absolutismus allein versöhnen.

Und was that mitten in diesem Kreuzfeuer der buntesten Bestrebungen, der auseinandergehendsten Agitationen, der gefährlichsten Gegensätze die Regierung? Eines hatte sich ihr bald aufdrängen müssen: daß sie im Irrthum gewesen, als sie die abschließende Politik Metternich's gegen Deutschland auch den Zeiten der Stürme gewachsen glaubte. Die Revolution von 1848 hatte von vornherein die Selbstständigkeit und Selbstbestimmung der Nationalitäten proclamirt, sie bedrohte Oesterreich mit Auflösung. Die von Oesterreich früher aufgegebene oder nicht eingenommene Stellung mußte auf einmal in ihrem Werthe steigen. Nothwehr und Selbsterhaltung trieben dazu an, eine feste Position in Deutschland wieder zu gewinnen, ja wo möglich sie noch zu verstärken. Nirgends als an Deutschland konnte man eine Stütze in dem Drange der Umstände, einen Anlehnungspunkt finden. Aber diese fast erzwungene Rückkehr zu einer früheren und fast vergessenen Richtung war nicht das sofortige klare Resultat bestimmter Entschließungen. Zwar schien der Stab über das Metternich'sche System in allen Beziehungen gebrochen; für's Erste aber war die Regierung halt- und willenlos dem Impulse der treibenden Thatsachen überliefert. Der Umschlag der deutschen Politik Oesterreichs geht daher Hand in Hand mit den inneren Ereignissen; der neue Gedanke konnte nicht consequent festgehalten werden; ja er mußte zeitweise selbst einer slavischen Gegenströmung weichen, und während man heute die Hand nach Deutschland ausstreckte, stieß man ein andermal selbst die von diesem gebotene zurück.

Die Wiener Märzbewegung hatte, so verworren und unklar sie übrigens die politische Unreife erscheinen lassen mußte, einen vorwiegend national-deutschen Anstrich. Unter den Forderungen, welche die zur Nachgiebigkeit gezwungene Regierung bewilligen mußte, figurirte auch die Volksvertretung am deutschen Bunde. Die Wiener Bevölkerung war es, welche dem Kaiser die deutsche Fahne in die Hand drückte, welche die schwarz-roth-goldenen Farben dem Ministerium andrang und den Gedanken an den Primat Oesterreichs erweckte. Im Widerspruch mit diesen deutsch-nationalen Forderungen waren aber sofort die tschechischen Forderungen auf Gleichberechtigung der deutschen und tschechischen Nationalität und die ungarisch-nationalen Forderungen aufgetreten, und verwirrten die Situation. Im Drange des Augenblicks bewilligte man Alles, ob mit einander verträglich oder nicht. Aus der in den drei ersten Märztagen zugesicherten Constitution erwuchsen die Nationalitätskämpfe der Oesterreicher, um so mehr als Wien, im Grunde nicht sowohl die Hauptstadt Oesterreichs, als vielmehr nur die Residenz des gemeinsamen Herrschers, mit seiner Revolution die Provinzen fast ganz ignorirte, und seine revolutionairen Elemente ebenso ihre Stütze in der deutschen Revolution suchte als durch dieselbe Oesterreich zum Primat in Deutschland berufen glaubte. Eine Zeitlang konnte jede der Parteien und nationalen Auffassungen an ihren Sieg glauben. Deutsch vor dem nächsten Impulse folgend die Politik bis zum Zusammentritt des Reichstags, auf dem dann die slavische Mehrheit den Sieg ihrer Föderationsideen erlangte, bis in der octroirten Verfassung vom 4. März 1849 die Ansichten der Schwarzgelben zur Herrschaft kamen, um schließlich im nothwendigen Gange der Dinge dem Absolutismus allein das Feld zu überlassen.

Ueber die Stellung der Tschechen zur deutschen Frage konnte man, nachdem der erste Revolutionstaumel vorüber, über dem der alte nationale Zwist vergessen zu sein schien, nicht lange im Zweifel sein. Schon unter dem Ministerium vom 20. März (Kolowrat, Pillersdorf, Ficquelmont, Tſaffe, Kübeck, Zanini, Sommaruga) fand der erste Zusammenstoß beider nationalen Parteien, der deutschen und slavischen, statt. Noch der frankfurter Fünfzigerausschuß hatte, freilich in fast unbegreiflicher Nichtkenntniß der Verhältnisse, den böhmischen Geschichtschreiber Franz Palaczky, den Patriarchen und Wortführer der slavischen Bewegung (an der Spitze der gerüsteten und geordneten tschechisch-nationalen Partei) zur Theilnahme an seinen Versammlungen geladen. Am 12. April veröffentlichte Palaczli seine ablehnende Antwort. Ihre für die damalige Sachlage wichtigen Schlußworte enthielten zugleich das Programm der slavischen Partei, das jede Theilnahme der Tschechen an den Verhandlungen in Frankfurt verhindern mußte. Sie lauteten: „Das Verlangen, Oesterreich solle in Deutschland aufgehen, ist eine Zumuthung des Selbstmords, und ermangelt daher jedes politischen und moralischen Sinnes. Da auch die gegenseitige Forderung: Deutschland solle sich an Oesterreich anschließen, dem deutschen Nationalgefühle gegenüber unstatthaft ist, so erübrigt nichts, als daß beide Mächte: Oesterreich und Deutschland, neben einander gleichberechtigt sich constituiren, ihren bisherigen Bund in ein ewiges Schutz- und Trutzbündniß verwandeln, und etwa noch einige Handelseinigung abschließen.‟

Wir haben gesehen, wie in entgegengesetzter Richtung das wiener Volk, d. h. die Revolution in Wien, zur activen Theilnahme an der deutschen Bewegung, zum Primat in Deutschland drängte. Das Ministerium folgte im Drange des Augenblicks mehr dieser Initiative, als daß es selbstständig zu leiten versucht oder vermocht hätte. Daß es sich aber nicht lange nöthigen ließ, dazu gab es mehr als einen Grund. Vor Allem die traditionelle Eifersucht des wiener Kabinets gegen Preußen, die nie völlig erloschene Erinnerung an den mehrhundertjährigen Besitz der deutschen Kaiserkrone, obgleich anzuerkennen ist, daß die bis zur Herstellug des habsburgischen Kaiserthums sich versteigenden Pläne erst späteren Ursprungs sind. Es gehörte das ganze Drama in Frankfurt dazu, ehe es in Wien zum bestimmten Gedanken wurde, die für ein anderes Haupt bestimmte Kaiserkrone für sich selbst zu erstreben, mindestens aber zu vereiteln, daß jenes Haupt sie trage. Was aber noch besonders zur Nachgiebigkeit gegen die Wünsche des wiener Volks bestimmte, war die erste Unklarheit und Zerflossenheit der deutschen Frage, die Vieldeutigkeit der versprochenen Reformen. Es war für's Erste noch gar nicht abzusehen, was aus dem wirren Chaos dieser Zeit Positives hervorgehen werde; man brauchte daher auch kaum ernstliche Sorge zu haben, daß man sich zu etwas Positivem verpflichte, oder für dieses später wirklich in Anspruch genommen werden dürfte. Man schwamm mit dem Strome, und erreichte so schon die Hauptsache, von ihm nicht ganz weggespült zu werden, formell noch am Ruder zu sein und sich zugleich des Sonnenscheins der Volksgunst zu erfreuen. Der Enthusiasmus der Wiener für das Deutschthum, für die deutsche Einheit, war mehr Sache des allgemeinen Nationalgefühls, trat nicht sofort in zwingender, unabänderlich positiver Gestalt auf, so daß man ihn füglich gewähren lassen konnte, und nicht sofort die ganze widerstrebende Kraft dagegen aufzuwenden brauchte. Wie Wenige bedachten bei den gang und gäben Schlagwörtern sogleich auch die politischen Folgen, wie Wenige hatten Fähigkeit oder Muße, die Rückwirkungen auf die Verfassungsverhältnisse des eigenen Staates zu erwägen. In diesen Tagen werde Alles für möglich gehalten, weil nichts noch auf seine Opposition stieß, und was als solche sich bald geltend machte, das mächtig sich regende Slaventhum, mußte den deutschen Enthusiasmus prinzipiell und factisch nur steigern. Niemand — wenigstens in der ersten Zeit nicht — fürchtete den Conflict zwischen den politischen Interessen Oesterreichs und Deutschlands; dagegen hielt man fast allgemein einen Kampf zwischen Slaven und Germanen für unvermeidlich, und nahm eher in Voraussicht dieses Kampfes seine Partei. Bald auch hatte die Flugblattliteratur sich dieses Themas bemächtigt, und ein solches aus den letzten Apriltagen unter dem Titel: „Deutsch oder slavisch?" verlieh nur dem gleich im Beginne der Bewegung, namentlich in Wien dumpf Gefühlten Worte, die ihren Eindruck nicht verfehlen konnten, und nicht wenig dazu beitrugen, die entgegengesetzte deutschthümliche Demonstration zu vertiefen. Worte wie die mit Beziehung auf den österreichischen Reichstag gesagten: „Zwei Slaven werden stets einem Deutschen gegenübersitzen; der mächtige Slavaruf wird Eure deutschen Stimmen übertönen, die slavische Sprache wird die Sprache des Reichstages werden, Ihr selbst werdet aber stumm dabeisitzen und die Befehle der Fremden empfangen" — gaben eine Parteistatistik, die nicht schlagender sein konnte und die Deutschland sich auch für alle Zukunft merken mag. Uebrigens darf man nicht vergessen, daß sehr viele Enthusiasten für die deutsche Einheit in der That darunter nichts Anderes verstanden als die Fortdauer der deutschen Form in der Regierung Oesterreichs. Daher erblicken wir eine so große Zahl auch conservativer Elemente im deutschen Lager, besonders in den Provinzen gemischter Nationalität, denen es zunächst nur darum zu thun war, gleich den andern Volksstämmen Oesterreichs ihr nationales Bewußtsein auszusprechen, und dasselbe gegen die Rivalität der andern Nationalitäten in Geltung zu erhalten. Daraus erklärt sich auch die verhältnißmäßige Gleichgültigkeit der Deutsch-Oesterreicher bei der Entscheidung des politischen Schicksals Deutschlands. Ohnehin kannten sie, als Bewohner eines Großstaats, eine Menge Ansprüche und Bedürfnisse nicht, die „draußen im Reiche" neben den großen Fragen ihre Befriedigung forderten. In Wien selbst war noch ein eigenthümlicher Umstand dazugekommen, welcher die Richtung nach der deutschen Seite verschärfte. Die Abschüttelung des bisherigen Joches hatte zu dem entgegengesetzten Extreme verleitet. Der glückliche Ausgang der Märzkämpfe hatte ein gewisses hohes Bewußtsein verliehen; man war jetzt das nicht mehr in allen Dingen zurückgebliebene, geknechtete Oesterreich; ja man war selbst dem übrigen Deutschland weit zuvorgelaufen, und glaubte nun zumal über das zurückgebliebene Preußen spotten und so reichlich zurückzahlen zu können, was man Jahre lang in Scherzen und Witzen über den österreichischen Geist hatte ertragen müssen. Das war ein fruchtbares Feld für die hier wie nirgends zügellos entfesselte Presse; und auch in den politischen Kreisen Wiens gehörte Spott über Preußen jetzt gewissermaßen zum guten Ton.

In dem Verhalten des Ministeriums konnte man fast Schritt für Schritt den Gang der äußern Einwirkungen verfolgen. Eine österreichische Circulardepesche vom 7. März hatte „in Gemeinschaft mit Preußen zum Behufe der Berathung über die Lage Deutschlands und die Gefahren des Augenblicks" den sofortigen Zusammentritt eines Ministercongresses in Dresden in Antrag gebracht. Schon andern Tags wurde dieser Congreß, der auch „die auf die Entwickelung der Bundesinstitutionen, die Wünsche der einzelnen Staaten und die nationalen Bedürfnisse bezüglichen Vereinbarungen" zu Stande bringen sollte, auf den 25. März anberaumt und dazu Namens Oesterreichs und Preußens sämmtliche deutsche Landesregierungen eingeladen. Die Idee war noch vom Fürsten-Staatskanzler ausgegangen, erinnerte aber so sehr an die alten discreditirten Diplomatencongresse, daß vor Allem eifrig Baiern dagegen sich aussprach und am Bundestage selbst eine schleunige Revision der Bundesverfassung beantragte. Preußen hatte den Conferenzen in der Meinung zugestimmt, daß sie zu einer wirklichen Regeneration des deutschen Bundes führen sollten, und deshalb, um den Mißdeutungen des Congresses vorzubeugen, zugleich auch am 14. März den Vereinigten Landtag auf den 29. April einberufen. Da kamen die Ereignisse in Wien, welche Preußen veranlaßten, Potsdam für die Conferenzen als Vereinigungspunkt vorzuschlagen und die Berufung des Vereinigten Landtags auf den 2. April vorzurücken. Das bezügliche Patent des Königs enthielt zugleich das deutsche Programm Preußens, vervollständigt durch die Proclamation vom 21. März mit dem Vorschlage einer deutschen Ständeversammlung. Das neue österreichische Ministerium säumte nicht, den in der Lage der Dinge so wohl begründeten Vorschlägen und Ansprüchen des Berliner Hofes, und den von dort aus beantragten Conferenzen entgegenzutreten. In der Circulardepesche vom 24. März an die bei deutschen Höfen bevollmächtigten österreichischen

Gesandte legte Graf Fiquelmont feierlichen Protest gegen jede, wie er es nannte, „einseitige und ungeregelte" Aenderung in der Bundesverfassung ein, und erklärte, daß „nur in Frankfurt und nur in der nach den bestehenden Bundesgesetzen sich bewegenden Bundesversammlung der k. Präsidialgesandte an den Verhandlungen Theil nehmen werde, welche das Revisionswerk einzuleiten, und die Formen, unter denen es bewirkt werden soll, zu bestimmen haben werden." Den Commentar brachte und die wahre Absicht verrieth dann ein Artikel der „Wiener Zeitung" vom 3. April, worin das ausschließliche Recht Oesterreichs auf den deutschen Primat offen und unumwunden ausgesprochen wurde.

Diese Absichten der österreichischen Regierung machten sich nun auch in äußeren Formen geltend. Die „Wien. Z." brachte bereits am 30. März die Frage der deutschen Farben und die Zulässigkeit ihrer Anlegung zur Sprache. Die schwarz-roth-goldene Fahne, vom Stephansthurm wehend, sollte das Zeichen sein, daß Oesterreich in die deutsche Staatenfamilie ganz eingetreten sei. In wenigen Tagen waren die deutschen Farben in Wien überall zu Hause, für alle ein unentbehrlicher Schmuck. Selbst den Kaiser hatte man vermocht, die schwarz-roth-goldene Fahne vom Burgbalkon aus zu schwenken (am 2. April) unter unendlichem Jubel des versammelten Volkes, zu nicht geringem Aerger aber der gerade anwesenden zweiten böhmischen Deputation. Allmählig aber verloren die deutschen Farben auch wieder ihre allgemeine nationale Bedeutung; sie wurden das Symbol der democratischen Gesinnung und fanden bald ihre glücklicheren Gegner in den schwarz-gelben Farben des unabhängigen, nach keiner Seite hin beschränkten und gebundenen Kaiserstaates.

Von Frankfurt hatte sich eine Deputation des Fünfzigerausschusses nach Prag begeben, um die Wahlen für das deutsche Parlament beim National-ausschusse durchzusetzen. Sie erreichte ihren Zweck nicht; von 62 Bezirken wählten nur 20, und auch diese nur in Minoritätswahlen. Minister Pillersdorf nahm keinen Anstand, die Absichten der Tschechen vollkommen zu billigen, obgleich er erklärte, einen offenen Bruch mit Deutschland nicht für räthlich zu halten. Dies eröffnete er einem Führer der Slaven mit dem Beifügen, es sei übrigens dafür gesorgt, daß die österreichischen Abgeordneten in Frankfurt in einer Weise stimmen würden, wodurch der Souveränetät Oesterreichs kein Eintrag geschehe. Ein Prager Slavencongreß im Mai erklärte überdies ausdrücklich die Beschlüsse des Frankfurter Parlaments für Oesterreich nicht verbindlich und protestirte gegen alle Schritte, welche die Regierung zu dessen Beschickung gethan.

Dem Ministerium Pillersdorf folgte am 18. Juli das Ministerium Wessenberg (Ministerpräsident und Minister des Auswärtigen; Dobblhof, Inneres; Bach, Justiz; Krauß, Finanzen; Latour, Krieg; Hornbostl, Handel; E. Schwarzer, öffentliche Arbeiten). Unter diesem Ministerium fand am 22. Juli die feierliche Eröffnung des Reichstages durch Erzherzog Johann statt, der in seiner Rede die Nothwendigkeit des festen Verbandes mit Deutschland hervorhob. Dennoch wurde der bereits am 14.

April von dem Fünfzigerausschuß gefaßte und von der Nationalversammlung mehrmals aufgenommene Beschluß, die österreichische Regierung zur Aufhebung des Geldausfuhrverbotes zu ersuchen, von dieser nicht beachtet, und ebenso eine Anordnung des Reichsministeriums vom 6. August zur Huldigung der Truppen für den Reichsverweser in Wien so vereinzelt und mangelhaft vollzogen, daß der Abgeordnete Zimmer am 11. August im Reichstage diese Huldigung als eine „Comödie" bezeichnen konnte. Der tiefer liegende Grund sollte bald zu Tage kommen. Schon am 11. September konnte der Führer der Tschechen, Rieger, nach dem Rechte der Mehrheit Oesterreich als einen slavischen Staat bezeichnen und hinzusetzen: „Durch unser Geld, durch unser Blut wird es erhalten; nur so lange wir wollen, wird es bestehen; wir aber wollen es!"

Mit dem Ausgange der wiener Octoberrevolution kam eine größere Klarheit in die Beziehungen Oesterreichs zu Deutschland, gleichzeitig mit der Klärung in der Paulskirche, wo Graf Deym die höchst merkwürdige Erklärung abgab: „daß Oesterreich nicht zu Deutschland gehören könne; wollte man es haben, so müßte man es mit einem Heere holen." So war wohl Alles von den ersten Tagen des Parlamentes bis dahin nur eine Intrigue? Die Wahl eines Erzherzogs an die Spitze Deutschlants nur das Mittel für Oesterreich, sein Interesse gewahrt zu sehen? Ja und Nein. Es war die Geburt zweifaltiger Stellung, die es vor Allem als geboten erscheinen ließ, die Hand nicht aus der deutschen Entwickelung zu lassen, damit diese nicht selbstständig ohne Oesterreich zu einem Abschluß komme.

Am 19. October trat das Ministerium Schwarzenberg-Stadion an's Ruder (Fürst Schwarzenberg, Präsident und Aeußeres; Stadion, Inneres; Bach, Justiz; Krauß, Finanzen; Bruck, Handel 2c.) Sein dem Reichstage in Kremsier vorgelegtes Programm vom 27. November hatte die deutsche Frage für Oesterreich dahin gezeichnet: „Oesterreichs Fortbestand in staatlicher Einheit ist ein deutsches wie europäisches Bedürfniß. Von dieser Ueberzeugung durchdrungen, sehen wir der natürlichen Entwickelung des noch nicht vollendeten Umgestaltungsprocesses entgegen; erst wenn das verjüngte Oesterreich und das verjüngte Deutschland zur neuen und festen Form gelangt sind, wird es möglich sein, ihre gegenseitigen Beziehungen staatlich zu bestimmen. Bis dahin wird Oesterreich fortfahren, seine Bundespflichten treulich zu erfüllen." Dieses Programm hatte nicht allein den Beifall des österreichischen Reichstages erhalten, sondern schien auch den Wünschen der großen Mehrheit der Bewohner der deutsch-österreichischen Lande zu entsprechen, schloß aber den Eintritt Oesterreichs „in den zu errichtenden deutschen Bundesstaat", wie ihn die Beschlüsse der Nationalversammlung bereits wesentlich festgestellt erscheinen ließen, aus. Zu dieser Annahme berechtigte auch das ganze Verhalten der österreichischen Regierung gegenüber den Anordnungen der Centralgewalt und den Beschlüssen der Nationalversammlung. Dem Programm von Kremsier antwortete das Gagern'sche Programm vom 18. December von dem deutschen Bundesstaat mit dauerhafter einheitlicher oberster Gewalt im weitern Bunde mit Oesterreich (durch eine besondere Unionsakte zu ordnen) ebenso, wie später der octrohirten österreichischen Verfassung vom 4. März 1849, in welcher auf die Beziehungen zu Deutschland gar keine Rücksicht genommen ist, der Welter'sche Antrag vom 12. März entgegengesetzt wurde. Noch am 4. Februar 1849 hatte sich Fürst Schwarzenberg feierlich gegen eine Unterordnung des Kaisers unter die von einem andern deutschen Fürsten gehandhabte Centralgewalt verwahrt. Diese Unterordnung, welche Niemand Oesterreich zumuthete, hatte aber gerade das weitere Bundesverhältniß vermeiden sollen. Bei der Neugestaltung Deutschlands mußte das Bedürfniß Deutschlands das Maßgebende sein, nicht daß Bedürfniß Oesterreichs, wie es nach seiner durch kaiserliche Machtvollkommenheit festgestellten Verfassung sich gestaltete, in der Absicht, nur mit der Gesammtmonarchie in den Bundesstaat eintreten zu wollen, was Deutschland erdrücken, eine deutsche Wiedergeburt unmöglich machen hieß. Es konnte nicht allein darauf ankommen, was für Oesterreich möglich und erwünscht, sondern vielmehr, was für Deutschland nothwendig war oder damals schien. Oesterreich erblickte in der „einseitigen" (?) Aufhebung des deutschen Bundesverhältnisses eine Verletzung der europäischen Verträge, und bedachte nicht, daß schon die octrohirte Verfassung eine solche Verletzung war, da sie für die österreichischen Bundeslande Factoren der gesetzgebenden Gewalt schuf, die außer Deutschland standen, ohne daß dabei die Rechte Deutschlands und der österreichischen Bundeslande gewahrt wurden; und daß sein Wunsch mit der gesammten österreichischen Monarchie in den deutschen Bund einzutreten, wahrhaftig auch nicht auf die Verträge von 1815 basirt war.

Neben diesen Strebungen und Gegenstrebungen hatte schon früher auf einem andern, und zwar neuen Gebiete die dem vollkommenen Umschlag der deutschen Politik Oesterreichs entsprechende Agitation begonnen — auf dem volkswirthschaftlichen. Es war der mit Schwarzenberg in's Ministerium getretene Herr von Bruck, welcher auch der bisherigen gegen den Zollverein sich abschließenden Handelspolitik eine neue Wendung gab, und den Gedanken einer Zolleinigung auftauchen ließ, scheinbar an die Duckwitz'schen Pläne einer Handelseinigung für ganz Deutschland gelehnt, welche letztere aber in dem Memorandum des Reichsministers des Handels ihre nähere Motivirung auf dem Boden des Gagern'schen Programms vom 18. December erhielt. Wir werden auf diesen Gegenstand später noch näher eintreten müssen.

Im März 1849 kamen die Ereignisse in rascheren Fluß, mußte man sich über die gegenseitige Stellung endlich klarer werden. Eine österreichische Note vom 9. März sprach sich über das „mögliche Verhältniß Oesterreichs zu Deutschland" aus. Sie war stark genug, um selbst dem Bevollmächtigten Oesterreichs (Hr. v. Schmerling) diese Stellung aufgeben zu lassen, obwohl Fürst Schwarzenberg noch keineswegs diese Consequenz der dem Kaiserstaate gegebenen Verfassung einräumen wollte, und selbst es den österreichischen Deputirten zur Pflicht des „Patriotismus" machte, ihren Posten in Frankfurt nicht zu verlassen. Es konnte jetzt nur noch von dem Gesammteintritt Oesterreichs die Rede sein; in einem nach der Volkszahl gewählten Staatenhaus sollte Oesterreich 38, das übrige Deutschland 32 Stimmen haben. Damit war das Wesen der Hegemonie Oesterreichs beantragt; aber auch die Anregung der entsprechenden Form hatte schon früher nicht gefehlt. Man hatte es ruhig mit angesehen (weil man es für's Erste nicht hindern konnte), daß die Kaiseridee mit einem preußischen Haupte vom Beginne der Bewegung an, schließlich durch die Verfassung selbst in der Paulskirche „populär" gemacht wurde; aber die Frucht dieser Entwickelung Preußen zukommen zu lassen, war man keineswegs gewillt. Am 25. Januar hatte Buß es ausgesprochen, daß seine Partei (die Großdeutschen) den Kaiser von Oesterreich als deutschen Kaiser wolle. Die Niederlegung der Kaiserkrone im Jahre 1806 sollte für die Nation nicht rechtsverbindlich, sondern etwas blos Thatsächliches gewesen sein. Im Hause Habsburg, das Jahrhunderte lang in Ehren und Würden diese Krone getragen, sollte die Kaiserwürde erneuert werden.

Preußens Herrscher lehnte die von der Nationalversammlung dargebotene Kaiserkrone ab. Aber Preußen gab nicht Alles auf, was es ablehnte. Es erklärte sich bereit, auf den Antrag der deutschen Regierungen und unter Zustimmung der deutschen Nationalversammlung die provisorische Leitung der deutschen Angelegenheiten zu übernehmen. „Aus freiem Willen" sollte sich der Bundesstaat bilden, an dessen Spitze Preußen treten wollte. Noch war es Zeit, wenn man den Verhältnissen Rechnung tragen, das wahre Bedürfniß der Nation respectiren und unberechtigten Ansprüchen entsagen wollte, die ganze Bewegung und Entwickelung in eine Bahn zu leiten, die Deutschland zum Heile, Oesterreich nicht zum Schaden, vielmehr zu wirklicher Kräftigung hätte gereichen können. Aber dies erlaubte die ehrgeizige und gewaltthätige Politik des österreichischen Staatsmannes nicht. Oesterreich stellte sich sofort protestirend gegen jenen Vorschlag — ihm, das doch so eben selbst noch die Kaiseridee als Zielpunkt seiner Politik bei sich mit Recht mußte voraussetzen lassen, bestand noch der alte deutsche Bundesvertrag vertragsmäßig und faktisch (auch Preußen bestand er, nur nicht in der Consequenz, wie sie in Oesterreichs Tendenzen und Ausführungen lag). Auch bei der neuen Wendung der Dinge suchte Preußen das Einverständniß mit dem Cabinete von Wien für den deutschen Bundesstaat ohne Oesterreich, und die feste Union Deutschlands mit Oesterreich. Es legte die Grundlinien zu einer Unionsacte vor: die Unionsangelegenheiten sollte ein Directorium leiten, in dem Oesterreich sogar der Geschäftsvorsitz zugetheilt war. Aber das war nicht, was Oesterreich wollte. Es lehnte ab und kam mit dem Gegenvorschlag einer neuen provisorischen Centralgewalt von drei Mitgliedern. Da griff Preußen zu dem engern Bündniß innerhalb des Bundes und unbeschadet desselben mit denjenigen Staaten, welche sich anschließen würden, „auf dem Boden des Bundes von 1815."

Soweit hatte Oesterreich den Inhalt der deutschen Bewegung zurückzudrängen gewußt! Deutschland hatte den engeren Bundesstaat gefordert, Oesterreich konnte in denselben nicht eintreten, also durfte auch jener nicht Existenz gewinnen. Um diesen Punkt dreht sich die Entwickelung der Dinge bis zu den Dresdener Conferenzen: hier Versuche Preußens, jenem deutschen Bündnisse zu genügen, wobei wir eher eine zu anspruchslose Mäßigung als deren Gegentheil beklagen möchten; dort Bemühungen Oesterreichs, um jeden Preis eine solche Gestaltung zu verhindern, zugleich mit dem Anspruche auf die Hauptleitung deutscher Geschicke, der bis zur habsburgischen Kaiseridee und zur Erniedrigung Preußens sich versteigt. Als man zu den Dresdener Conferenzen gekommen war, hatte Oesterreich den ersten Theil seines Spiels in der Hauptsache schon gewonnen. Hier verfolgte es sein Ziel weiter, einmal durch Erstrebung des Gesammteintritts, statt dessen es sich dann freilich mit dem auf drei Jahre abgeschlossenen Vertrag begnügen mußte, durch welchen Preußen Oesterreichs auswärtige Besitzungen, zunächst Italien, garantirte; sodann durch den Vorschlag eines Directoriums, einer Executivbehörde statt des engern Rathes (das alte Directorialproject der österreichischen Noten aus dem Anfange des Jahres 1849), welches die Mittelstaaten in der Weise begünstigte, daß Oesterreich auf diesem Wege auf eine feste Mehrheit, Preußen gegenüber, rechnen konnte. Es ist kein geringes Verdienst Preußens, daß in Dresden nichts, vor Allem nichts Schlimmeres zur Reife kam. Die Paralysirung der kühneren Pläne des Fürsten Schwarzenberg war schon ein reeller Gewinn.

Wir dürfen hier bei dem allgemeinen Ueberblicke über die hegemonischen Bestrebungen Oesterreichs noch ein höchst wirksames Moment nicht zu erwähnen vergessen, das für Oesterreich ein sehr ergiebiges Feld der Agitation eröffnete. Der katholische Clerus Oesterreichs hatte keinen Augenblick gesäumt, von den Früchten der Bewegung so viele als möglich für sich selbst zu sammeln. Schon ins Jahr 1849 fallen die Anfänge der Errungenschaften, welche später in dem Concordat ihren festen Abschluß erhielten. Die Versammlung der Erzbischöfe und Bischöfe Oesterreichs vom 30. April bis 17. Juni 1849 in Wien hatte einen Ausschuß zurückgelassen, an dessen Spitze der Bruder des Ministerpräsidenten, der Erzbischof von Prag, Fürst Schwarzenberg stand. Eine kaiserliche Verfügung vom 18. April 1850 hob das placetum regium auf, gab die Gerichtsbarkeit den Bischöfen zurück, verschärfte die Sonntagsfeier, und räumte auch bei der Besetzung von Pfründen dem bischöflichen Einfluß eine größere Geltung ein. Das Concordat bildete dann nur den festen Schlußstein für diese wichtigen Eroberungen, welche die ultramontane Partei überall in Deutschland für Oesterreich und seine mitteleuropäische Mission gewannen. Der Einfluß dieses Elementes auch in den paritätischen Staaten Deutschlands ist ein ganz unberechenbarer; und wir halten jene für große Thoren, welche sich über dieses Feld der Agitation selbst täuschen oder in verderbliche Träume wiegen lassen.

Es sei uns gestattet, ehe wir die hegemonischen Bestrebungen Oesterreichs in ihren einzelnen Richtungen näher verfolgen, ein paar eingehendere Bemerkungen über den Träger jener aggressiven Politik beizubringen, die den leitenden Faden für jene Bestrebungen bildet und noch heute als ein gewissenhaft gepflegtes Erbe im Wesentlichen der Politik des Kaiserstaates gegenüber Deutschland und Preußen zu Grunde liegt.

IV.
Fürst Schwarzenberg.

Im Oktober des verhängnißvollen Jahres 1848 war ein Mann an die Spitze des österreichischen Ministeriums getreten, dessen Wirksamkeit für seinen eigenen Staat wie für Deutschland von dem bedeutendsten Einflusse gewesen ist. Leider können wir diesen Einfluß nicht immer als einen wohlthätigen bezeichnen. Sind schöpferischer Genius, Seelengröße, Unternehmungsgeist, imponirender Charakter überhaupt seltene Eigenschaften bei österreichischen Staatsmännern, so war ohne Zweifel Fürst Felix Schwarzenberg einer dieser seltenen Staatsmänner; aber er war es in jener Weise, wo jene Eigenschaften so scharf an ihre Extreme streifen, daß der eine Theil verurtheilen muß, was dem andern als Gebot der Nothwendigkeit noch entschuldbar erscheint. Fürst Schwarzenberg fand Oesterreich noch an dem Rande des Unterganges; er hat es mit starker, entschlossener Hand von demselben wegzuleiten helfen. Seit 1848 ist die Centralisation für Oesterreich eine Nothwendigkeit geworden; denn der Nationalitäts= und Unabhängigkeitsgedanke der einzelnen spröden Elemente hatte es in die Gefahr gebracht, in diese Elemente auseinanderzufallen; Fürst Schwarzenberg hat dem militär=despotischen Geiste der heutigen Centralisation Vorschub geleistet. Eine Zeit lang noch konnte der traumhafte Gedanke eines constitutionellen Gesammtösterreich Beachtung und Schonung heischen. Auch dazu verstand sich Fürst Schwarzenberg, um, als die Zeit dieses Gedankens und der Repräsentativverfassung der einzelnen Kronländer vorüber schien, um so energischer den reinen Absolutismus zu proclamiren. Was Deutschland betrifft, so erkannte Schwarzenberg vollkommen die Gefahr, welche für Oesterreich darin liegen mußte, wenn es der deutschen Nationalität gelingen sollte, ihre Selbständigkeit gegen den Kaiserstaat geltend zu machen und siegreich durchzuführen. Seine Thätigkeit nach dieser Richtung ist das unausgesetzte Bemühen, mit allen Kräften den Versuch einer Lösung der höchsten Aufgabe der deutschen Nationalpolitik zu vereiteln. Nur zu glücklich darin — und darum durfte er für Oesterreich auch „Felix" heißen — ist Er es, dem Deutschland das Scheitern seiner besten Hoffnungen zuschreiben darf. Deutschland hat ihm keinen Dank zu sagen.

Die Politik Schwarzenberg's nahm den hegemonischen Gedanken Preußens auf, noch ehe er von diesem mußte fallen gelassen werden; aber wie er einmal hier zu einem wesentlich antideutschen werden mußte, da das Staatsinteresse Oesterreichs und das Nationalinteresse Deutschlands sehr wenig mit einander gemein haben, so fand jener Gedanke auch in Fürst Schwarzenberg einen ganz andern Vertreter, als wozu die stets rücksichtsvolle, bedächtige und maßhaltende Politik die preußischen Staatsmänner befähigt hatte. Wir haben gesehen, welche Grundlagen er dazu in Oesterreich bereits vorgefunden hatte. In seiner Hand wurden diese nicht allein zur abwehrenden Waffe gegen Preußen und gegen das mit diesem und durch dieses nach einer Neugestaltung ringende Deutschland, sondern zur kühnen Angriffswaffe. Hatte

Fürst Metternich an Deutschland und seiner Bundesverfassung zumeist nur
das negative Interesse genommen, Preußens Einfluß auf dem streitigen Gebiete zu paralysiren, Preußens natürliche Entwickelung zu hemmen, und so
auch die kleineren deutschen Staaten zu hindern, nach Preußen als ihrem
natürlichen Mittelpunkte zu gravitiren, so hatte sich Fürst Schwarzenberg
bald seine Aufgabe höher gestellt. Ihm galt es, Preußen an den Wurzeln
seiner Kraft zu fassen und sie abzuschneiden. Preußen, jetzt im Besitze einer
Verfassung, war nicht nur in dieser Hinsicht ein gefährliches Beispiel für
Oesterreich, für das der centralisirte Absolutismus auf noch lange hinaus
als rettendes Element erscheinen mußte, sondern wurde voraussichtlich dadurch
auch immer wieder zu einer selbständigen Politik verdrängt, die es von selbst
zum Schwerpunkt des nationalen Lebens machen mußte, und so stets aufs
Neue Oesterreichs Einfluß und ganze Stellung bedrohte. Eine kräftigere
Gestaltung Deutschlands durch Preußens Vormacht mußte Oesterreichs deutsche Unterlage, ohnedies für das österreichische Staatswesen kaum mehr aus-
reichend, noch mehr schmälern. In dem übrigen Deutschland waren daher
die neuen Stützen zu suchen, hier der Einfluß Oesterreichs nothwendig zu
stärken. Um jeden Preis war daher die Unionspolitik, in welche sich die
letzten deutschen Hoffnungen geflüchtet hatten, zur Uebergabe zu bringen und
für die Zukunft unmöglich zu machen. Man weiß, mit welcher rücksichtslosen
Kühnheit Fürst Schwarzenberg diesen Plan verfolgt hat. Kühnheit, ja, eine
gewisse Größe vermögen wir ihm nicht abzusprechen; aber sittliche Würde,
ein erhebendes und mit so vielen Täuschungen irgend versöhnendes Element
können wir nicht entdecken. „Alte Muster im neuen Zuschnitte" erscheinen zu
lassen und damit die Einen zu gewinnen, die Andern zu verwirren und zu
täuschen, verrieth ohne Zweifel Geschicklichkeit genug, kann aber in einer
Zeit der Oeffentlichkeit nicht vor dem Geiste der Wahrheit bestehen. Vielleicht
mochte noch eine ernste und besonnene Politik die Wunden der erschütterten
Welt heilen, die Schlauheit der Diplomatie vermochte es nicht.

Rasch und ohne fremde Hülfe hatte sich Preußen aus den Stürmen
der Revolution erhoben; ja der Gang der Ereignisse hatte es eine Stellung
einnehmen lassen, die es seit Langem nicht mehr besessen hatte. Oesterreichs
Einfluß in Deutschland war eine Zeit lang fast so gut wie vernichtet. Fürst
Schwarzenberg unternahm es, ihn wieder herzustellen. Durch die Frankfurt-
reichstägige Politik Oesterreichs wurden die Hoffnungen Deutschlands auf
eine Neugestaltung in Kraft und Einheit vereitelt; aber noch mußte man
Preußen nöthigen, aus einer Position nach der andern zu weichen: auch die
Union wurde aufgegeben, während Oesterreich noch die Bregenzer Vereini-
gung aufrecht hielt; die Execution des Bundes in Kurhessen wurde zuge-
lassen und Kurhessen geräumt; Schleswig-Holstein preisgegeben. Mit dem
alten Bundestage hatte Fürst Schwarzenberg die Union ruinirt, mit dem
Vertrage von Bregenz selbst die Möglichkeit, ja eine Zeit lang die Wahr-
scheinlichkeit eines Krieges gegen Preußen nicht gescheut. Wurden solche
Anstrengungen einer fast phantastisch-abenteuerlichen, unfaßbaren Politik nur
gemacht, um den alten Einfluß in Deutschland wieder zu gewinnen, oder galt

2

es, Preußens Macht ganz zu beugen und für immer zu brechen? Man hat die deutsche Politik Schwarzenberg's in eine Formel gebracht, die so lautete: „Man muß Preußen in innerer Verwirrung erhalten, um darauf die neue Machterweiterung Oesterreichs zu gründen." Ist dies zu viel gesagt? Wir glauben es nicht und brauchen nur an die noch stärkere Aeußerung zu erinnern, die man von dem Staatsmanne Oesterreichs anführt: „il faut avilir la Prusse et après la demolir." Schade nur, daß die Bäume nicht in den Himmel wachsen! Preußens Mäßigung hat einen unseligen Bürgerkrieg vermieden, aber um schwere Opfer der eigenen realen Machtstellung, welche zugleich Opfer Deutschlands sind.

Nochmals: Deutschland hat dem Fürsten Schwarzenberg keinen Dank zu wissen.

V.
Die einzelnen Richtungen der hegemonischen Politik Oesterreichs.

Am 5. April 1852 war der österreichische Minister-Präsident, Fürst Felix v. Schwarzenberg, gestorben; mit ihm starben nicht seine Entwürfe. Seine Thätigkeit war ein glänzendes Intermezzo gewesen; anders wenigstens vermögen wir nicht zu nennen, was die Kühnheit eines unverantwortlichen Macchiavellismus hier zu vereiteln, dort dem Hause Habsburg zu gewinnen wußte. Ein scharfsinniger Geschichtschreiber zählt unter die drei Grundzüge, die durch alle habsburgische Geschichten so streng und so zähe durchlaufen, wie der rothe Faden in der britischen Marine, die — Unwahrscheinlichkeiten, und erinnert einmal an Ludwigs XIV. Aeußerung: „den armen Leopold fürchte ich wahrhaftig nicht, aber ich fürchte seine Mirakel", und an Richelieu's Worte, daß „das Haus Habsburg immer wieder ein bereites Wunder aus der Tasche ziehe". An diese glücklichen Zufälle und Unwahrscheinlichkeiten erinnern die Geschicke Oesterreichs 1848 und in den folgenden Jahren. Wir sagen nicht, daß die Ursachen, welche das vormärzliche Oesterreich an den Rand des Untergangs geführt, in dem nachmärzlichen nicht mehr vorhanden seien; aber der unmittelbaren Gefahr ist der Kaiserstaat entgangen; und es hat wenigstens der Schein neuen Lebens und verjüngter Kraft seine relative Berechtigung, Viele getäuscht und thut es noch. Deutschland gegenüber hat man sich die Handhabe des Einflusses und der Herrschaft zu erhalten gewußt. Man hat mit allen Mitteln das Zustandekommen einer vollkommneren deutschen Einheit verhindert, selbst die Aussicht eines Krieges nicht gescheut, und, nachdem eine Bundesreform, die, wenn aufrichtig gemeint, in der That nichts weiter bezweckte als Preußens Einfluß auf ein Minimum zu reduciren, und in keiner Weise den Wünschen der Nation hätte entsprechen können, wahrscheinlich aber nur die Brücke zur Anerkennung und Wiederherstellung des alten Bundestags sein sollte, an der vorsichtigen Politik Preußens gescheitert war, die Bundesverfassung wieder hergestellt, den Bundestag, „nicht ohne Anwendung sanfter (!) Gewalt", repristinirt. Man hat endlich, nachdem der Plan des Gesammteintritts Oesterreichs in den Bund, wodurch

Oesterreich ein absolutes Uebergewicht über Preußen und demnächst über ganz Deutschland erlangt hätte, hatte aufgegeben werden müßen, einen neuen Weg eingeschlagen, und die volkswirthschaftlich — commercielle Verbindung des ganzen Kaiserstaats mit dem deutschen Zollverein zum Ausgangspunkte der handelspolitischen Hegemonie Oesterreichs, die folgerichtig zur politischen führen müßte, gemacht. Noch gehen die Strömungen und Gegenströmungen auf diesem Gebiete hin und her, noch besteht das Dilemma: Preußen oder Oesterreich, und mit Spannung folgt Deutschland der Entwickelung seiner wichtigsten Lebensfragen.

Unsere Darstellung der hegemonischen Bestrebungen Oesterreichs, am schärfsten ausgeprägt in der aggressiven Politik Schwarzenberg's, mußte im Wesentlichen schon die Folgen dieser Bestrebungen für Deutschland, die wir nur für unheilvolle ansehen können, mit berühren. Wir können aber nicht umhin, die Folgen dieser Politik nach den einzelnen Richtungen etwas schärfer in's Auge zu fassen.

VI.
Der Bundestag.

Die Versuche einer nationalpolitischen Umgestaltung des deutschen Staatswesens waren gescheitert und Deutschland war im Wesentlichen wieder da angelangt, von wo wir im Jahre 1848 ausgegangen. Aber das wiederhergestellte Alte ist doch nicht das Alte. Wir hatten die Irrthümer als ernste Lehren hinter uns, die Schwierigkeiten und Hindernisse kennen gelernt, die Ziele nicht verloren. Eine Nation, welche zum Bewußtsein ihres Berufes gekommen, kann nicht darauf verzichten, ihn auch zu erfüllen. Der Glaube an die deutsche Zukunft könnte nur mit Deutschland selbst untergehen, und er ist so fest gewurzelt, daß Niemand ihn offen zu verläugnen wagen würde. Man hat versucht, den politischen Einheitsgedanken hinter den Bemühungen für eine materielle Einigung vergessen zu machen. Umsonst. Für einige Zeit konnte dies gelingen; aber es sind die Zeiten höherer Ansprüche wiedergekommen und dem schärferen Blick kann die Verschmelzung der materiellen Interessen nur als die Vorarbeit zu dem höheren Ziele· politischer deutscher Einheit erscheinen; so gewiß ist es, daß eine Nation nicht auf die politische Machtstellung und ihre Bedingungen resigniren kann, zu der sie sich durch ihre räumliche Ausdehnung, das Gewicht ihrer Zahl, Cultur und Geschichte für berufen halten muß.

Es hatte sich bei der selbst von Regierungen als „Armuthserklärung" bezeichneten Wiederherstellung des alten Bundestags wohl Niemand verhehlt, daß damit die zwischen Oesterreich und Preußen schwebende Machtfrage nicht entschieden sei: nicht nur, daß die alten Gegensätze nicht gemildert waren, es mußten die Wechselbeziehungen zwischen beiden Mächten nach den Vorgängen der letzten Jahre sogar schwieriger werden, und wieviel von der fortdauernden Spannung, von dem durch Oesterreich fortwährend unterhaltenen Kriege im Frieden auch dem oberflächlichen Blicke verborgen bleiben mochte, in

2*

dem ganzen Gange der deutschen Dinge trat der tiefe Riß, welcher die Bewegung von 1848 mit ihren Consequenzen zurückgelassen, nur zu sichtlich hervor. Der Dualismus von Preußen und Oesterreich hatte die Errichtung eines neuen Staatsbaues unmöglich gemacht; aber Preußen konnte nicht die ihm erwachsene Aufgabe und deren Pflichten von sich weisen, ohne seinem eigenen Lebensprincip untreu zu werden, und Oesterreich wollte nicht die Bahnen einer mehr blendenden als reellen Politik verlassen, auf die Fürst Schwarzenberg es geführt hatte. In diesem bald mehr heimlichen, bald offenerem Conflicte widerstreitender Interessen bewegte sich die deutsche Geschichte seit Wiederherstellung des Bundestages. Er lähmte die Kraft Deutschlands in seiner recht eigentlichen Herzensangelegenheit, der Frage der deutschen Herzogthümer Schleswig-Holstein; er hinderte eine den Bedürfnissen Deutschlands entsprechendere Umgestaltung des Bundes, wie sie schon vor 1849 von Preußen angestrebt, von Oesterreichs regirender Politik hintertrieben wurde.

Auf dem Bundestagsfelde begegnen wir eine Reihe von Proteusgestaltungen der österreichischen Politik, die geeignet sein konnten, Manche irre zu führen. Man erinnere sich, daß noch auf den Dresdener Conferenzen Oesterreich ein Zurückgehen auf den alten Bundestag zweifelhaft erscheinen ließ. Fürst Schwarzenberg schien damals geneigt, mit Preußen und den Königreichen, ohne Rücksicht auf den Widerspruch der kleinen Staaten sofort an die Einsetzung eines neuen Centralorgans zu gehen, freilich unter Bedingungen, welche unter dem Titel einer Reorganisation Deutschlands keine andere Consequenz einschlossen, als die Macht und die selbständige Stellung Preußens in Deutschland zu brechen. Wir wollen den Leser nicht in die verschlungenen Irrgänge der damaligen diplomatischen Verhandlungen führen; genug, daß man auch später nicht verfehlte, dem Fürsten Schwarzenberg das Verdienst der Absicht zu vindiciren: „Durch eine gründliche Reform die deutsche Einigung im Innern und die deutsche Einheit nach Außen auf einem unverrückbaren Postamente (gewiß!) festzustellen", verbunden mit der Behauptung, daß, als er darüber mit Preußen nicht habe einig werden können, die von ihm ins Leben zurückgalvanisirte Bundesverfassung nur der Anhalte- und Ruhepunkt gewesen sei, von dem aus er ruhig habe abwarten wollen, bis die Zeit gekommen, wo Oesterreich und Preußen sich nicht gegenüberstanden. Deshalb habe Fürst Schwarzenberg noch bei der Repristinirung des Bundestags offen erklärt, daß mit seiner Zustimmung es sein Bewenden bei dem alten Zustande nicht haben solle. Damit stand nun freilich — insofern die Lösung der deutschen Frage „im nationalen Sinne" durch eine Einigung der beiden deutschen Großmächte allein ins Auge gefaßt schien — in einem seltsamen Widerspruche, daß in der österreichischen Circulardepesche vom 7. December 1850 gerade heraus gesagt wurde, „in dieser wesentlichen Frage (der Aufrechterhaltung der alten Bundesverfassung) könnten selbst die fremden Mächte nicht ohne Gefahr (!) neutral bleiben." Doch an solche Widersprüche gewöhnt, werden wir uns nicht verwundern, die Bundesreformfrage von österreichischer Seite zu einer Zeit wieder auftauchen zu sehen, als die von Oesterreich in der orientalischen Frage eingehaltene Politik nach Stützpunkten in Deutschland aussah. Offenbar nach Einer gegebenen Parole eröffneten Wiener und solche deutsche Zeitungen, deren Abhängigkeit von Oesterreich kein Geheimniß ist, ein merkwürdig heftiges Kreuzfeuer gegen die Bundesverfassung, selbst theilweise mit einem seitlichen Liebäugeln nach einer Volksvertretung am Bunde, das aber freilich sofort wieder aus der Reformtaktik entfernt werden mußte, um desto bestimmter in letzterer Beziehung an die von Oesterreich auf den Dresdener Conferenzen gestellten Anträge zu erinnern. Aber der eigentliche Zweck dieser plötzlichen Lebhaftigkeit der österreichischen Presse für eine Frage, die sich in deren Munde überhaupt höchst seltsam ausnahm, konnte auch dem blödesten Auge nicht entgehen. Es war auch keineswegs davon die Rede, eine Bundesreform sofort in die Hand zu nehmen; im Gegentheil, kein Zeitpunkt wurde dafür als ungeeigneter erklärt; man erhielt nur eine Anweisung auf die Zukunft, welche „eine, den heißen Wünschen der Nation entsprechende Lösung der innern Gestaltung Deutschlands" in Aussicht stellte, wofern sich — wohlgemerkt! — der Bund nur sofort entschlösse, durch ein Eingehen auf die österreichischen Anträge und Forderungen die kaiserliche Politik zu unterstützen. Damit war denn auch die ganze Demonstration (die übrigens damals auch keinen Anhalt an den Mittelstaaten mehr fand, deren Bregenzer Farbe mittlerweile auch schon in eine Bamberger übergegangen war) an ihren richtigen Ort gestellt und es bedürfte nicht weiter der lockenden Vorspiegelung von einem „Deutschmachen ganz Oesterreichs", was Deutschland füglich „der Beharrlichkeit und bewundernswerthen Weisheit" Derer überlassen mag, welche an die Möglichkeit eines solchen Werkes glauben. Auch konnte die Parteinahme gerade der ultramontanen Blätter für eine von Oesterreich ausgehende Bundesreform keine sonderliche Empfehlung derselben sein. Der wahre Gedanke der ultramontanen Partei war zu leicht zu durchschauen, als daß sich darüber noch Jemand hätte täuschen können, namentlich da um dieselbe Zeit bereits das Concordat verständlich genug gesprochen hatte, um welchen Preis die Unterstützung der Ultramontanen gewonnen war, und welche Aussicht auf Befriedigung der nationalen Wünsche und Bedürfnisse ein auf ein solches Centralisationsmittel sich stützendes Oesterreich bieten könne. Von einer politischen Reform, wie sie die specifisch-katholische Partei versteht, von der verheißenen Umgestaltung Deutschlands unter der Aegide Oesterreichs kann nun einmal geschichtlich und naturgemäß kein Verständiger einen Gewinn für das Vaterland oder dessen Heil erwarten. Dies beruht auf keiner Ansicht, sondern auf einer historischen Unumstößlichkeit und der Natur der Dinge.

Einen scheinbaren Vortheil schien aber die eben berührte Zwischendemonstration doch zu gewähren: man durfte glauben, das österreichische Kabinet auf Kosten Preußens, das man der Bundesreform feindlich, als Hemmschuh derselben darzustellen suchte, in Deutschland populär gemacht zu haben. Auch fehlte es in dieser Richtung nicht an Angriffen aller Art. Wir zweifeln aber mit Recht, ob irgend ein reeller Gewinn bei diesen Bemühungen herausgekommen, wie sehr auch eine Zeit lang auch Andere vom deutschen Standpunkte aus beklagen mochten, daß Preußen während der orientalischen Krise nicht diejenige Stellung einzunehmen geschienen, die ihm seine Macht und Geltung in Europa anweisen mußte. Denn auch darüber haben sich seitdem die Ansichten vielfach geklärt, und Manches, was damals nicht unbegründeter Vorwurf schien, hat sich später das Recht einer unbefangeneren Würdigung erworben, als sie mitten im Strome der Ereignisse möglich gewesen.

Als der Bundestag im Jahr 1851 reactivirt wurde, nahm Fürst Schwarzenberg den Plan auf, die Hegemonie über Deutschland, zu welcher Preußen durch die constituirenden Versammlungen und die Unionsversuche nicht hatte gelangen können, für Oesterreich durch die Mittel zu gewinnen, welche demselben die bestehende Bundesverfassung darbietet. Der Gedanke davon lag nahe, nachdem Oesterreichs innere Organisation eine Richtung genommen hatte, in welcher dauernde Erfolge nur durch Anlehnung an Deutschland, behufs der Kräftigung des verhältnißmäßig wenig zahlreichen Elementes im Kaiserstaat erreicht werden konnten. Die Durchführung des Plans war möglich, wenn es Oesterreich gelang, sich der Majorität am Bunde auf die Dauer zu versichern, demnächst die Competenz des Bundes und seiner Majoritätsbeschlüsse zu erweitern und wenn Preußen die Macht oder der Einfluß fehlte, erfolgreichen Widerstand zu leisten. Für eine solche Conception waren die Umstände sehr günstig. Bei den intimen Beziehungen zu Rußland konnte Oesterreich auf dessen Unterstützung seiner Politik rechnen; es hatte ferner mit dem in Frankreich neuentstandenen Kaiserthum Verbindungen angeknüpft, welche gegen das Lebensende des Fürsten Schwarzenberg die Besorgniß vor einer Allianz der drei Kaiser im Gegensatz zu Preußen und England hervorriefen. Ebenso lehnte die Mehrzahl der deutschen Regierungen, erschreckt durch die Revolution und die aus derselben entspringende Gefahr einer Präponderanz Preußens sich bereitwillig an Oesterreich an. Letzteres hatte bei der Auswahl der Mehrzahl der Landtagsgesandten einen bestimmenden Einfluß und wußte die Ernennung solcher Persönlichkeiten zu bewirken, welche durch ihre Gesinnung, ihre persönlichen Verhältnisse und Interessen der österreichischen Suprematie ergeben und dienstbar waren.

Auf diese, ihm günstige Stimmung gestützt, nahm Oesterreich bei dem Wiederzusammentritt des Bundes im Jahre 1850 sofort von seiner dominirenden Position Preußen gegenüber Besitz und hat seitdem mit Consequenz und Energie den Plan verfolgt, Preußen aus seiner Großmachtstellung auf das bundesrechtliche Minimum einer von den 35 deutschen Regierungen herabzudrücken, und die Bundesversammlung zu einem österreichischen Verwaltungsbureau über Deutschland umzugestalten. Demgemäß hat die österreichische Bundes-Politik das bis zum Jahr 1848 stets festgehaltene Princip einer vorgängigen Verständigung Oesterreichs und Preußens in allen wichtigen Fragen aufgegeben; an dessen Stelle trat vielmehr das selbstständige Vorgehen Oesterreichs, ohne Rücksicht auf Preußen. Vertrauend auf die Klientel der ihm zugehörigen Staaten, befolgte es nur die Tactik, die durch sein specifisches Interesse gebotenen Forderungen in das Gewand „allgemeiner deutscher Interessen" zu hüllen. In dieser Verkleidung provocirte es bei jeder sich darbietenden Gelegenheit den Conflict mit Preußen. Konnte das letztere, wie fast immer der Fall, nicht unbedingt auf die Dictamina des Wiener Hofes eingehen, so ward der Vorwurf des Partikularismus gegen dasselbe erhoben und die Schuld der Uneinigkeit und der Zerspaltung Deutschlands ihm aufgebürdet. Es wurde als der Friedensstörer im Bunde denuncirt und der Untergrabung der Bundes-Institutionen angeklagt.

Diese unwürdige Politik begann sofort, als Preußen im Mai 1851 in die reactivirte Bundesversammlung eintrat und es sich um die Anerkennung der seit Ende 1850 ohne seine Mitwirkung geführten Verhandlungen handelte. Statt einen derartigen, wesentlich formalen Differenzpunkt unerörtert zu lassen, schob Oesterreich ihn geflissentlich in den Vordergrund, um die preußische Regierung gleich von vorne herein zu einer offiziellen Desavouirung ihrer bisherigen Stellung und einem förmlichen Anerkenntniß der Supremacie des jetzt österreichischen Bundes zu nöthigen. Preußen gab nicht nach, aber die österreichisch gesinnte Majorität faßte dessen ungeachtet ihren ersten gegen Preußen gerichteten Beschluß.

Diese Differenz bildete nur das Vorspiel und die Einleitung zu dem intensiveren Konflict, welcher in der Flotten- und der Liquidationsfrage sich demnächst entwickelte.

Während Preußen practischer Weise davon ausging, daß zunächst für die bestehende Flotte zu sorgen und dieselbe von den dabei betheiligten Staaten zu übernehmen sei, brachte Oesterreich das Project der Herstellung einer dreitheiligen deutschen Bundesflotte in Vorschlag, um die Disposition auch über die preußische Flotte dem von ihm präsidirten Bundestag zu acquiriren. Es beanspruchte sein volles Recht an der Flotte, ohne einen Beitrag geleistet zu haben, und wußte durch seinen Einfluß auf Hannover die Einladung Preußens zu dem Nordseeflotten Congreß zu hindern. Das dessenungeachtet gestellte Anerbieten des letzteren, an dem Nordseeflotten-Verein Theil nehmen zu wollen, wurde zurückgewiesen und damit die Auflösung der deutschen Flotte vollzogen.

In der Liquidations-Angelegenheit der von den einzelnen deutschen Staaten in den Jahren 1848 und 49 für Bundeszwecke gemachten militairischen Aufwendungen trat es mit neuer Forderung von mehr als 60 Millionen Gulden auf, indem es behauptete, daß es seine italienischen und ungarischen Kriege im Interesse des Bundes geführt habe und daß die deutschen Bundesstaaten die Kosten derselben mit tragen müßten. Die letzteren wagten nicht diesen Antrag bestimmt abzulehnen; sie ließen lieber ihre eigenen Forderungen fallen und liberirten auf diese Weise Oesterreich von seiner Zahlungsverbindlichkeit. Auf dem Gebiet des Bundes Preß- und Vereinswesens traten die hegemonischen Tendenzen Oesterreichs zu gleicher Zeit — 1852 — auch öffentlich entschieden hervor. Der Entwurf des Bundes-Preßgesetzes, welchen der österreichische, k. sächsische und großh. hessische Preßfachmann abfaßten, enthält ein ebenso vollständiges als casuistisch combinirtes System von Preßbeschränkungen; dasselbe sollte seinen Schlußstein und bewegenden Mittelpunkt durch die proponirte Einsetzung eines Bundes-Preß-Comités erhalten. Preußen dagegen beantragte, daß der Bund sich damit begnüge, allgemeine Preßnormen aufzustellen, während die Anwendung derselben und ihre genaue Formulirung zu Specialgesetzen den einzelnen Regierungen zu überlassen sei. Man sieht leicht, auf welcher Seite hier die Absicht, den Bund als ein reactionaires Werkzeug zu gebrauchen, lag, und auf welcher Seite der Wunsch obwaltete, das Centralorgan Deutschlands gegen den Vorwurf zu schützen, als ob dasselbe nur den Zwecken des eben so ängstlichen als herrschsüchtigen österreichischen „Conservatismus" diene.

In der Rastatter Besatzungsfrage zeigte Oesterreich, wie sehr es darauf ausging, sein Uebergewicht in Süddeutschland festzusetzen und den berechtigten Einfluß Preußens zurückzudrängen; es ging nicht einmal dann auf die Vorschläge des letzteren ein, als das Berliner Cabinet sich willig erwies, Mainz gegen Rastatt zu überlassen, ein Vorschlag, der von Seiten Preußens um so uneigennütziger war, als die Festung Mainz die natürliche Machtsphäre Preußens abschließt.

Am meisten aber trat in der orientalischen Frage das Bestreben Oesterreichs hervor, den Bund — mit Einschluß Preußens — wie ein Anhängsel zu behandeln, welches nur den Beruf habe, das Gewicht Oesterreichs zu verstärken und ihm auf der selbstsüchtigen Bahn, die es einschlug, aus dem Herzen Deutschlands heraus Hilfsmittel zu verschaffen. Nirgends haben sich die staatsmännischen Ideen, nach welchen Preußen, sei es instinctiv, sei es bewußt, sein Verhältniß zu Deutschland regelt, und die eigenwillige Tendenz Oesterreichs, welches Deutschland mißhandelt, indem es demselben eine „große Rolle" vorfabelt, schärfer gegenübergestanden, als während der orientalischen Wirren. Oesterreich wollte sich an der unteren Donau festsetzen, es wollte hierbei die Maske der Eingenommenheit für die Integrität der Pforte vor sein Gesicht halten, während es nur darauf ausging, die Beute, die es dem Czaaren nicht gönnte, für sich selber in Beschlag zu nehmen. Zu diesem Zwecke liebäugelte es mit dem Westen, bei dem es zugleich den Eindruck hervorzurufen wünschte, als ob der Wiener Hof die deutschen Staaten am Schnürchen führe. Preußens Idee war weitsichtiger, nobler, deutscher. Preußen wollte den Bund als eine feste Gestaltung formiren, die allerdings zunächst das Princip der Neutralität zu behaupten habe, aber nur damit sie bei der unausbleiblichen Erschöpfung der Kämpfenden als eine ausschlaggebende Macht auftrete. Dieser Plan war um so richtiger und nothwendiger, als die Zwecke der Westmächte unklar waren, der Krieg überhaupt einen geheimnißvollen Character trug und man in keinem Augenblick sicher sein konnte, ob die Westmächte nicht darauf ausgingen, das türkische Reich unter der Wucht ihrer Protection zu erdrücken und so wenigstens indirect die damaligen Zwecke Rußlands zu verwirklichen. Oesterreich aber hatte nur den kleinen Kreis seiner Special-Interessen vor Augen, es suchte mit den Fäden von tausend Intriguen die Bundesstaaten an sich heranzuziehen, es sparte keine Versprechungen von Länderzuwachs oder Machtgewinn, und alle seine Anstrengungen waren nur darauf gerichtet, den besonnenen mahnenden Ruf Preußens zu übertönen. Oesterreich agirte hinter dem Rücken seiner mittelstaatlichen Freunde und setzte einige überraschende Tractaten-Coups in

Scene, um seine scheinbar geliebkosten Genossen, die es aber im Stillen verachtete, an seine selbstsüchtigen Berechnungen zu fesseln. Es erreichte seine Hauptabsicht nicht, dafür waren die Augen Preußens zu offen; aber es schwächte Deutschland dergestalt, daß dieses bei dem Friedensschlusse, statt den Ausschlag zu geben, beinahe nur noch die Rolle eines Zuschauers spielen konnte.

Dies sind die Früchte und Lehren der österreichischen Bundespolitik.

Anmerkung zu Cap. VI. Obiges ist im Jahre 1858 geschrieben. Kürzlich haben die deutschen Zeitungen einen Brief des Grafen Bismarck vom Jahre 1859 veröffentlicht, der schärfer als wir es im Stande wären, die Gebrechen schildert, mit denen Deutschland, so lange Oesterreich die deutsche Politik beeinflußt, behaftet bleiben wird. Wir theilen den Brief mit, der von Petersburg aus an den damaligen Minister der auswärtigen Angelegenheiten in Preußen gerichtet war. Das Schreiben datirt aus der Zeit, wo Preußen wegen des österreichisch-italienischen Krieges zur Mobil-machung geschritten war und wegen der militairischen Führung der deutschen Contingente und der Bundesfeldherrnschaft jene trostlosen Verhandlungen in Frankfurt führte. Das wichtige Actenstück lautet:

Petersburg, 12. Mai 1859.

„Aus den acht Jahren meiner frankfurter Amtsführung habe ich als Ergebniß meiner Erfahrungen die Ueberzeugung mitgenommen, daß die der-maligen Bundeseinrichtungen für Preußen im Frieden eine drückende, in kri-tischen Zeiten eine lebensgefährliche Fessel bilden, ohne uns dafür dieselben Aequivalente zu gewähren, welche Oesterreich, bei einem ungleich größern Maße eigener freier Bewegung, aus ihnen zieht. Beide Großmächte werden von den Fürsten und Regierungen der kleineren Staaten nicht mit gleichem Maße gemessen; die Auslegung des Zweckes und der Gesetze des Bundes modifi-cirt sich nach den Bedürfnissen der österreichischen Politik. Ich darf mich Ew. Sachkenntniß gegenüber der Beweisführung durch detaillirtes Eingehen auf die Geschichte der Bundespolitik seit 1850 enthalten, und beschränke mich auf die Nennung der Rubriken von der Wiederherstellung des Bundestages, der deutschen Flottenfrage, der Zollstreitigkeiten, der Handels-, Preß- und Verfassungs-Gesetzgebung, der Bundesfestungen Rastatt und Mainz, der Neuenburger und der orientalischen Frage. Stets haben wir uns der-selben compacten Majorität, demselben Anspruch auf Preußens Nachgiebigkeit gegenüber befunden. In der orientalischen Frage er-wies sich die Schwerkraft Oesterreichs der unsrigen so überlegen, daß selbst die Uebereinstimmung der Wünsche und Neigungen der Bundesregierungen mit den Bestrebungen Preußens ihr nur einen weichenden Damm entgegen-zusetzen vermochte. Fast ausnahmslos haben uns damals unsere Bundes-genossen zu verstehen gegeben, oder selbst offen erklärt, daß sie außer Stande wären, uns den Bund zu halten, wenn Oesterreich seinen eigenen Weg geht, obschon es unzweifelhaft sei, daß das Bundesrecht und die wahren deutschen Interessen unserer friedlichen Politik zur Seite ständen; dieses war wenig-stens damals die Ansicht fast aller Bundesfürsten. Würden diese den Be-dürfnissen, oder selbst der Sicherheit Preußens jemals in ähnlicher Weise die eigenen Neigungen und Interessen zum Opfer bringen? Gewiß nicht, denn ihre Anhänglichkeit an Oesterreich beruht überwiegend auf falschen In-teressen, welche beiden das Zusammenhalten gegen Preußen, das Niederhalten jeder Fortentwickelung des Einflusses und der Macht Preußens als dauernde

Grundlage ihrer gemeinschaftlichen Politik vorschreiben. Ausbildung des Bundesverhältnisses mit österreichischer Spitze ist das natürliche Ziel der Politik der deutschen Fürsten und ihrer Minister; sie kann in ihrem Sinne nur auf Kosten Preußens erfolgen und ist nothwendig gegen Preußen gerichtet, so lange Preußen sich nicht auf die nützliche Aufgabe beschränken will, für seine gleichberechtigten Bundesgenossen die Affecuranz gegen zu weit gehendes Uebergewicht Oesterreichs zu leisten, und das Mißverhältniß seiner Pflichten zu seinen Rechten im Bunde, ergeben in die Wünsche der Majorität, mit nie ermüdender Gefälligkeit zu tragen. Diese Tendenz der mittelstaatlichen Politik wird mit der Thätigkeit der Magnetnadel nach jeder vorübergehenden Schwankung wieder hervortreten, weil sie kein willkürliches Product einzelner Umstände oder Personen darstellt, sondern ein natürliches und nothwendiges Ergebniß der Bundesverhältnisse für die kleineren Staaten bildet. Wir haben kein Mittel, uns mit ihr innerhalb der gegebenen Bundesverträge dauernd und befriedigend abzufinden.

Seitdem unsere Bundesgenossen vor neun Jahren unter der Leitung Oesterreichs begonnen haben, aus dem bis dahin unbeachteten Arsenal der Bundesgrundgesetze die Principien ans Tageslicht zu fördern, welche ihrem Systeme Vorschub leisten können, seitdem die Bestimmungen, welche nur eine Deutung im Sinne ihrer Stifter haben konnten, soweit sie von dem Einverständnisse Preußens und Oesterreichs getragen werden, einseitig zur Bevormundung preußischer Politik auszubeuten versucht wurden, haben wir unausgesetzt das Drückende der Lage empfinden müssen, in welche wir durch die Bundesverhältnisse und ihre schließliche historische Entwickelung versetzt worden sind. Wir mußten uns aber sagen, daß in ruhigen und regelmäßigen Zeiten wir das Uebel durch geschickte Behandlung wohl in seinen Folgen abzuschwächen, aber nichts zu seiner Heilung zu thun vermochten; in gefahrvollen Zeiten, wie es die jetzigen sind, ist es zu natürlich, daß die andere Seite, welche sich im Besitz aller Vortheile der Bundeseinrichtungen befindet, gern zugiebt, daß manches Ungehörige geschehen sei, aber im „allgemeinen Interesse" den Zeitpunkt für durchaus ungeeignet erklärt, um vergangene Dinge und „innere" Streitigkeiten zur Sprache zu bringen. Für uns aber kehrt eine Gelegenheit, wenn wir die jetzige unbenutzt lassen, vielleicht nicht sobald wieder, und wir sind später von Neuem auf die Resignation beschränkt, daß sich in regelmäßigen Zeiten nichts an der Sache ändern läßt.

Seine Königliche Hoheit der Prinz-Regent haben eine Haltung angenommen, welche den ungetheilten Beifall aller Derer hat, denen ein Urtheil über preußische Politik beiwohnen kann und die sich dasselbe nicht durch Parteileidenschaften getrübt haben. In dieser Haltung sucht ein Theil unserer Bundesgenossen durch unbesonnene und fanatische Bestrebungen uns irre zu machen. Wenn die Staatsmänner von Bamberg so leichtfertig bereit sind, dem ersten Anstoß des Kriegsgeschrei's der urtheilslosen und veränderlichen Tagesmeinung zu folgen, so geschieht das vielleicht nicht ganz ohne tröstende Hintergedanken an die Leichtigkeit, mit der ein kleiner Staat im Fall der Noth die Farbe wechseln kann. Wenn sie sich dabei aber der Bundeseinrichtungen bedienen wollen, um eine Macht wie Preußen in's Feuer zu schicken; wenn uns zugemuthet wird, Gut und Blut für die politische Weisheit und den Thatendurst von Regierungen einzusetzen, denen unser Schutz unentbehrlich zum Existiren ist; wenn diese Staaten uns den leitenden Impuls geben wollen, und wenn sie als Mittel dazu bundesrechtliche Theorien in Aussicht nehmen, mit deren Anerkennung alle Autonomie preußischer Politik aufhören würde — dann dürfte es meines Erachtens an der Zeit sein, uns zu erinnern, daß die Führer, welche uns zumuthen, ihnen zu folgen, anderen Interessen dienen als preußischen, und daß sie die Sache Deutschlands, welche sie im Munde führen, so verstehen, daß sie nicht zugleich die Sache Preußens sein kann, wenn wir uns nicht aufgeben wollen.

Ich gehe vielleicht zu weit, wenn ich die Ansicht äußere, daß wir jeden rechtmäßigen Anlaß, welchen unsere Bundesgenossen uns bieten, ergreifen sollten, um zu derjenigen Revision unserer gegenseitigen Beziehungen zu gelangen, deren Preußen bedarf, um in geregelten Beziehungen zu den kleineren deutschen Staaten dauernd leben zu können. Ich glaube, wir sollten den Handschuh bereitwillig aufnehmen, und kein Unglück, sondern einen Fortschritt der Krisis zur Besserung darin sehen, wenn eine Majorität in Frankfurt einen Beschluß faßt, in welchem wir eine Ueberschreitung der Competenz, eine willkürliche Aenderung des Bundeszweckes, einen Bruch der Bundesverträge finden. Je unzweideutiger die Verletzung zu Tage tritt, desto besser. In Oesterreich, Frankreich, Rußland finden wir die Bedingungen nicht leicht wieder so günstig, um uns eine Verbesserung unserer Lage in Deutschland zu gestatten, und unsere Bundesgenossen sind auf dem besten Wege, uns vollkommen gerechten Anlaß dafür zu bieten, auch ohne daß wir ihrem Uebermuthe nachhelfen. Sogar die Kreuzzeitung wird, wie ich aus der Sonntagsnummer ersehe, stutzig bei dem Gedanken, daß eine Frankfurter Majorität ohne Weiteres über die preußische Armee disponiren könnte. Nicht blos an diesem Blatte habe ich bisher mit Besorgniß die Wahrnehmung gemacht, welche Alleinherrschaft sich Oesterreich in der deutschen Presse durch das geschickt angelegte Netz seiner Beeinflussung geschaffen hat, und wie es diese Waffe zu handhaben weiß. Ohne dieselbe wäre die sogenannte öffentliche Meinung schwerlich zu dieser Höhe montirt worden; ich sage die sogenannte, denn das wirkliche Gros der Bevölkerung ist niemals für den Krieg gestimmt, wenn nicht die thatsächlichen Leiden schwerer Bedrückung es gereizt haben. Es ist so weit gekommen, daß kaum noch unter dem Mantel allgemeiner deutscher Gesinnung, ein preußisches Blatt sich zu preußischem Patriotismus zu bekennen wagt. Die allgemeine Piepmeierei spielt dabei eine große Rolle, nicht minder die Zwanziger, die Oesterreich zu diesem Zwecke niemals fehlen. Die meisten Correspondenten schreiben für ihren Lebensunterhalt, die meisten Blätter haben die Rentabilität zu ihrem Hauptzwecke, und an einigen unserer und anderer Blätter vermag ein erfahrener Leser leicht zu erkennen, ob sie eine Subvention Oesterreichs wiederum erhalten haben, sie bald erwarten, oder sie durch drohende Winke herbeiführen wollen. Ich glaube, daß wir einen erheblichen Umschlag in die Stimmung bringen könnten, wenn wir gegen die Ueberhebungen unserer deutschen Bundesgenossen die Saite selbständiger preußischer Politik in der Presse anschlügen. Vielleicht geschehen in Frankfurt Dinge, welche uns den vollsten Anlaß dazu bieten.

In diesen Eventualitäten kann sich die Weisheit unserer militairischen Vorsichtsmaßregeln noch nach anderen Richtungen hin bethätigen und unserer Haltung Nachdruck geben. Dann wird das preußische Selbstgefühl einen ebenso lauten und vielleicht folgenreicheren Ton geben, als das bundestägliche. Das Wort „deutsch“ für „preußisch“ möchte ich gern erst dann auf unsere Fahne geschrieben sehen, wenn wir enger und zweckmäßiger mit unseren übrigen Landsleuten verbunden wären, als bisher; es verliert von seinem Zauber, wenn man es schon jetzt, in Anwendung auf den bundestäglichen Nexus, abnützt.

Ich fürchte, daß Ew. mir bei diesem brieflichen Streifzug in das Gebiet meiner früheren Thätigkeit ein ne sutor ultra crepidam im Geiste zurufen; aber ich habe auch nicht gemeint, einen amtlichen Vortrag zu halten, sondern nur das Zeugniß eines Sachverständigen wider den Bund ablegen wollen. Ich sehe in unserm Bundesverhältniß ein Gebrechen Preußens, welches wir früher oder später ferro et igni werden heilen müssen, wenn wir nicht bei Zeiten in günstiger Jahreszeit eine Kur dagegen vornehmen. Wenn heut lediglich der Bund aufgehoben würde, ohne etwas Anderes an seine Stelle zu setzen, so glaube ich, daß schon auf Grund dieser negativen Errungenschaft sich bald bessere und natürlichere Beziehungen Preußens zu seinen deutschen Nachbarn ausbilden würden, als die bisherigen. **Bismarck.**

VII.
Das mitteleuropäische Handelsreich.

Mit der aggressiven, usurpirenden Richtung Schwarzenberg's auf dem politischen und Bundestagsfelde ging eine andere auf dem Handelsgebiete Hand in Hand. Auch sie hatte ihre Wurzeln und Aeste in der Politik, war eins mit ihr, und kann nur in Verbindung mit dieser richtig verstanden werden. Der Gedanke einer österreichisch-deutschen Zolleinigung — kühn und großartig wie kaum ein anderer — tauchte zu einer Zeit auf, als Oesterreich durch die schwersten innern Verwicklungen verhindert erscheinen konnte, sein Auge nach Außen zu richten. Aber eben diese Verwicklungen hatten die Gefahr für Oesterreich gesteigert, seinen Einfluß auf die deutschen Angelegenheiten zu verlieren. Etwas Ueberraschendes, Imponirendes sollte der Welt zeigen, daß man noch die alte, zähe Lebenskraft besitze. Unter Preußens Auspicien war der engere Bundesstaat ins Leben zu rufen versucht worden. Was war er gegen die verführerische Idee eines einheitlich organisirten mitteleuropäischen Handelsstaates, eines europäischen großen „Reiches der Mitte?" So war Preußen ein wirksames Paroli geboten, der alte Zollverein, die Schöpfung Preußens und das unzweifelhafte Hauptelement seines deutschen Einflusses, weit überflügelt, ein neuer, unerschöpflicher Gedanke der Thätigkeit der Presse hingeworfen, und in der natürlichen ersten Unbestimmtheit desselben ein weiter Raum für die Debatte gegeben. Oesterreich fühlte das Bedürfniß, sein deutsches Element zu kräftigen; es hatte zu wohl erkannt, woher ihm die drohendsten Gefahren kämen; eine Handelseinigung mit Deutschland, wodurch dieses an dem Wohl und Wehe Oesterreichs unmittelbar betheiligt wurde, mußte selbstverständlich die Macht des Kaiserstaates wesentlich erhöhen, und ebenso die Machtstellung in Deutschland. Auf einem etwas weiteren Umwege mochte so das gleiche Ziel erreicht werden, und könnte zugleich einer gar nicht imaginären, noch größeren Gefahr als die eben im Verschwinden begriffene gewesen, vorgebeugt werden. Denn wer stand Oesterreich dafür, daß für Deutschland nicht ein Moment wiederkehre, wo es, das Bedürfniß nationaler Einigung von Neuem lebhaft empfindend, das ungleichartige, hemmende Oesterreich von sich stoßen würde? Diese Gefahr war vermindert, ja vielleicht ganz beseitigt, sobald einmal die materiellen Interessen zu einer gewissen Solidarität verschmolzen und verwachsen erschienen. Höchst naiv aber war Oesterreichs Bemühen, den politischen

Zweck dieser Entwürfe hinter die angebliche, freilich späte Gewissenhaftigkeit, in Erfüllung eines bis jetzt vergessenen Artikels der Bundesakte zu verstecken!

Wenn man sich heute wieder vergegenwärtigt, wie die wiener und die für Oesterreich wirkende außerösterreichische Presse die Vorschläge des österreichischen Kabinets aufgenommen und bearbeitet haben, so könnte man fast über die (freilich auch nicht unabsichtliche) Unklarheit erschrecken, in der eine so hochwichtige Angelegenheit für Millionen gehalten wurde. Nach der Sprache dieser Vorkämpfer der österreichischen Pläne leistete die österreichisch-deutsche Handelseinigung eigentlich Alles, was überhaupt in den Kreis menschlichen Strebens fällt, und noch etwas mehr. Sie war der Zauberstab, der das neue Reich der Mitte in ein Eldorado umzuwandeln geeignet war, natürlich, wie man mehr oder weniger offen eingestand, mit Wien als künftigem Centralsitz aller deutschen Angelegenheiten und erstem Handelsplatz Europa's. Man wußte Allen zu schmeicheln, Alle zu beruhigen: Freihändler und Schutzzöllner; ein Jeder konnte an die Erfüllung seiner Träume denken, und dies Alles durch die uneigennützigste Sympathie Oesterreichs für Deutschland! Herz, was willst du mehr?!

Man hat indessen dem Wiener Kabinet wohl auch vorgeworfen, es sei ihm im Grunde gar nicht um positive Resultate, um neue Schöpfungen zu thun gewesen, sondern nur um die Lösung der bisherigen Verbindung Deutschlands, um die Sprengung des Zollvereins als desjenigen Instituts, das die Geltung Preußens wesentlich unterstützen mußte, und dadurch Schwächung dieses Erbrivalen. Eine scharfe Beobachtung der Situation kann darüber allein Aufklärung geben. Die wiener Vorschläge und Pläne waren einfach Alles, was sie sein konnten: ebenso Waffen gegen das Bestehende, Thatsächliche des Zollvereins, wie Mittel der Agitation und Anknüpfungspunkte, Versuche für Neugestaltung im Interesse Oesterreichs. Diese Auffassung erklärt hinlänglich alle Vorgänge. Gelangen Oesterreichs Pläne, so hatte es seine Suprematie in Deutschland auf den solidesten Grundlagen erhoben, auf denen der materiellen Interessen; kamen sie nur theilweise zur Geltung, so war immerhin etwas gewonnen, wenn auch nur Zeit, und jedenfalls der Weg zu weiteren Eroberungen gebahnt.

Werfen wir einen Blick auf die allmälige Entwicklung dieser Verhältnisse. Die Vorschläge zur Anbahnung der österreichisch-deutschen Zoll- und Handelseinigung, wie sie zuerst in der „Wiener Zeitung" vom 26. October 1849 erschienen, erkannten als obersten Grundsatz die Schonung der wesentlichen Interessen des einen und andern Handelsgebietes. Bis zur vollständigen Zolleinigung sollten fünf Stufen der Annäherung stattfinden, deren erste indessen schon sehr umfassende Uebereinkünfte über gemeinsames Handelsrecht, Gewerbegesetzgebung, Heimaths- und Niederlassungsrecht zc. einschloß. Die vierte brachte gemeinsame äußere Vertretung, die fünfte vollständige Einigung. Am 30. December erschien die Denkschrift, welche die Bundescentralcommission aufforderte, einen Congreß nach Frankfurt zu berufen, auf dem jedes der in Deutschland bestehenden Zoll- und Handelsgebiete mit Sitz und

Stimme betheiligt sein sollte, um sich über ein „rationelles Schutzzollsystem" zu einigen. Für die Freihändler war die Erweiterung des Marktes über Oesterreich, für die Schutzzöllner der Zollschutz des großen Handelsbundes von 22,000 Quadratmeilen und 70 Millionen Consumenten gegen die Mitbewerbung des Auslandes! In der That ein neues „Reich der Mitte", das heute sogar sein tausendjähriges Urbild verloren hätte! Preußen lehnte am 28. Februar 1850 ab. Eine zweite österreichische Denkschrift vom 30. Mai 1850 blieb wesentlich bei derselben Basis, brachte aber auch den Entwurf eines Grundgesetzes für den großen 70-Millionen-Handelsbund: Aufnahme der Handelsvereinigung in die Bundesakte, Ernennung der Vertreter des Handelsbundes durch die Centralbehörde des Bundes, eine Centralkasse, Competenz über Auswanderung, Colonisation, geistiges Eigenthum ꝛc. Preußen legte die Denkschrift bei der Kasseler Zollconferenz, wo Sachsen und Bayern die österreichischen Vorschläge bereits befürworteten, nicht vor. Die Dresdener Conferenzen förderten die Sache nicht, sie brachten nur in einem Entwurf zur Ausführung vom Art. XIX. der Bundesakte und Art. LXV. der Schlußakte ein weiteres „schätzbares Material" an die Bundesversammlung. Aber schon auf dem Wiesbadener Zollcongreß im Mai 1851 war es nicht mehr zweifelhaft, daß Oesterreich über die meisten Regierungen des Zollvereins verfügte, sei es im Sinne einer Erhöhung des Zollvereinstarifs, sei es zur Sprengung des Zollvereins. Da schloß Preußen für alle Eventualitäten den Vertrag vom 8. September 1851 mit dem Steuerverein ab. Am 18. November kündigte Preußen die Zollvereinsverträge und schrieb Behufs der Verhandlungen über Wiederherstellung des Zollvereins Conferenzen nach Berlin aus für den Anfang des folgenden Jahres. Am 25. November erschien der neue österreichische Tarif, der am 1. Februar 1852 ins Leben treten sollte. Gleichzeitig lud Oesterreich die Vertreter aller deutschen Regierungen nach Wien auf den 2. Januar, um vor dem Zusammentritt der Berliner Conferenz über die österreichischen Vorlagen sich zu verständigen. Der Zoll- und Handelskrieg war damit offen erklärt. Am 5. Januar wurde die Conferenz in Wien eröffnet. Vertreten waren, mit Ausnahme Preußens und Thüringens, alle Zollvereinsstaaten, außerdem die drei Hansestädte. Die Eröffnungsrede war die Copie der vielgehörten Phrase vom dem Sichselbstgenügen Oesterreichs und dem gleichwohl uneigennützigen Opferwillen, nur um die Bande der Freundschaft zwischen Oesterreich und den deutschen Fürsten und Völkern enger und fester zu knüpfen. Die Gemüthlichkeit spielte da eine Rolle, wo bekanntlich alle Gemüthlichkeit aufhört.

Aber was Oesterreich jetzt vorschlug, war doch sehr unter den hochgehenden Entwürfen der Denkschrift vom 30. März 1850. Der Entwurf schloß sich dem ursprünglichen Vertrag von 1829 zwischen Preußen und Hessen an. Oesterreich und Preußen, dieses im Namen des Zollvereins, sollten auf 12 Jahre abschließen; die Leitung sollte eine gemeinsame Commission in Frankfurt haben, ihr zur Seite als controlirende resp. entscheidende Behörde die jährliche Generalconferenz von Abgeordneten aller Vereinsstaaten stehen. Die auswärtige Vertretung sollten Oesterreich, Preußen und die Hanseſtädte erhalten, die Einkünfte nach den Regeln im Zollverein, deſſen Stimmenvertheilung gleichfalls beizubehalten war, vertheilt werden.

Am 6. März erging das Einladungsſchreiben der preußiſchen Regierung an die Zollvereinsſtaaten zum Zollcongreß in Berlin auf den 14. April; zugleich hatte der preußiſche Geſandte in Wien unter Mittheilung des Circularſchreibens an Oeſterreich zu notificiren: „Preußens Abſicht ſei es nicht, neue ungewohnte Bahnen zu betreten; es handele ſich nicht um ein Zuſammentreten von Bevollmächtigten deutſcher Staaten zu freien, von bisherigen Grundlagen abſehenden Berathungen, ſondern um die weitere Fortſetzung des Zollvereins unter dem Hinzutritt neuer Mitglieder.“ Mittlerweile hatte ſich am unſichtbaren Faden der öſterreichiſchen Politik und in weſentlich antipreußiſcher Tendenz ein ſüddeutſcher Sonderbund gebildet, die Darmſtädter Coalition. In der Schlußverſammlung der Vertreter von Sachſen, Baiern, Würtemberg, Baden, der beiden Heſſen und Naſſau (am 6. April, einen Tag vorher war Fürſt Felix Schwarzenberg geſtorben!) ward es „als gemeinſame Aufgabe anerkannt, bei den in Berlin zu eröffnenden Zollverhandlungen dahin zu wirken, daß eine Verſtändigung zwiſchen Oeſterreich und den Staaten des Zollvereins gleichzeitig mit deſſen Erneuerung und Erweiterung durch den Anſchluß des bisherigen Steuervereins erreicht werde.“ Im Hintergrunde lag ein eigenes, vom preußiſchen Einſpruch emancipirtes Zoll- und Handelsbündniß, und ein eigenthümliches Zwitterding von Furcht vor Oeſterreich und Hingebung zu demſelben; einen nationalen und productiven Gedanken würde man aber vergebens in der Darmſtädter Coalition ſuchen; fürs Erſte war ein die Verſtändigung erſchwerendes Element mehr in das deutſche Chaos geworfen. Dieſes ſeltſame Verdienſt wollen wir nicht ſchmälern.

Auf Wien und Darmſtadt folgte die bedingte Antwort von Baiern, Sachſen und Würtemberg auf die Einladung nach Berlin, die von Baiern bei Eröffnung der Zollconferenzen am 19. April eingebrachte Forderung, Oeſterreich als Theilnehmer der Berathungen zuzulaſſen; ſodann, nachdem auf den am 20. April geſchloſſenen öſterreichiſch-deutſchen Handelsconferenzen in Wien die Staaten der Darmſtädter Coalition den öſterreichiſchen Entwürfen in vollem Umfange beigetreten und ſich verpflichtet halten, auf den Berliner Conferenzen die Annahme derſelben wirkſam („werkthätig“) zu betreiben, — am 15. Mai die Vorlage der Wiener Entwürfe als Berathungsgegenſtand, die Antwort Preußens, welches Unterhandlungen mit Oeſterreich erſt dann eröffnen wollte, wenn jene über die Neugeſtaltung und Erweiterung des Zollvereins zum Abſchluß gelangt ſein würden; dann die Vertagung der Conferenz, welche, nachdem die Coalitionsſtaaten ſich am 21. Auguſt über neue Forderungen in Stuttgart geeinigt, vom 15. September an allein mit den Vertretern von Hannover, Oldenburg, Braunſchweig und den thüringiſchen Staaten fortgeſetzt, und am 21. September aufgelöst wurde.

Am 19. Februar 1853 kam der Handelsvertrag zwiſchen Preußen und Oeſterreich zu Stande, und am 4. April wurden die neuen Zollvereinsverträge (bis Ende 1865) abgeſchloſſen. Verfaſſung und Tarif des um den

Steuerverein erweiterten Vereins blieben im Wesentlichen unverändert. Durch die vorläufige Einigung mit Oesterreich ist die Bildung eines mitteleuropäischen Zollvereins in Aussicht gestellt, der durch die ungehinderte Bewegung auf einem Raume von 21,134 Quadratmeilen sogar die Freihändler mit dem Schutzzollsystem versöhnen soll. Im Jahre 1860 sollen die Verhandlungen über vollständige Zolleinigung mit Oesterreich gepflogen werden; dann schlägt für den Zollverein die kritische Stunde des to be or not to be.

Werden die Pläne Oesterreichs auf dem Zollvereinsfelde den wahren Interessen Deutschlands mehr Vorschub leisten? Wir bezweifeln es nicht nur, wir sind auch von dem geraden Gegentheile überzeugt, wäre auch nicht die Unterwerfung unter die österreichische Politik die Gegenleistung, welche Deutschland für imaginäre Vortheile gewähren soll. Seit das österreichische Zolleinigungsproject, das man wohl auch eine neue Continentalsperre nannte, hier staunende Bewunderung, dort überraschte Entrüstung hervorgerufen, hat eine ruhigere Beurtheilung wieder Platz gegriffen. Allmälig verliert der kühne Irrthum auf diesem Gebiete seine Kraft wie auf dem politischen. An denselben Tage vor 6 Jahren, der einen lange vertuschten Riß in dem „Vereine für nationale Arbeit" unheilbar aufdeckte, die preußischen Mitglieder zum Austritt bewog und den Verein forthin ausschließlich im Interesse Oesterreichs wirken ließ (bis er fallen gelassen wurde), ward im nahen Darmstadt von den Bregenzer Verbündeten mit der Coalition für gemeinsames Vorgehen zu Gunsten der österreichischen Pläne mit dem Entwurf eines eigenen Zollvereins der erste Spatenstich an dem Grabe des deutschen Zollvereins, dieser letzten sichtbaren, wenn auch mangelhaften Gestaltung des deutschen nationalen Gedankens zu thun versucht. Der Verein für nationale Arbeit und die Darmstädter Coalition sind dahingegangen; aber die Frage, welche die wichtigsten, greifbarsten Grundlagen unserer Gegenwart und Zukunft berührt, ist noch ungelöst. Oesterreich hat, indem es die Ausführung seines Handelsbundes einer Reihe von Jahren überließ, dessen unmittelbare Ablehnung umgangen, der Debatte weiten Spielraum verschafft, aber auch durch diese zuwartende Ungewißheit der Volkswirthschaft die unentbehrliche Sicherheit und Festigkeit geraubt, und ihr unberechenbaren Schaden zugefügt. Dieses Verhältniß ist wichtiger als man sich eingesteht oder eingestehen will. Die beunruhigende, schwankende Lage in dieser Beziehung, die Unbestimmtheit der neuen Gestaltung fördert in gleichem Maße unsere Uneinigkeit und Zerrissenheit von diesem Gebiete aus, wie es auf andern geschieht; und wenn Oesterreich gerade in diesem chaotischen Wirrsal entgegenstehender Wünsche und Strebungen zu ernten glaubt, so beweist dies nur aufs Neue die Gefährlichkeit seiner ganzen Politik für die Bedürfnisse und Interessen Deutschlands. Vergebens wird man sich bemühen, die Erweiterung des Zollvereins, dieser einzigen nationalen Schöpfung Deutschlands, durch Oesterreichs Eintritt, d. h. seine Umgestaltung zu einem unförmlichen Monstremechanismus dem politischen und volkswirthschaftlichen Verstande plausibel zu machen. Eine solche Verkennung aller natürlichen Verhältnisse wäre für ein doppeltes Nationalunglück zu halten, einmal an sich dadurch, daß sie ein trauriges Zeichen von unserer volkswirthschaftlichen Einsicht geben müßte, sodann durch ihre Folgen. Gut genug, um eine Partei in Deutschland, ja im gegnerischen Lager selbst zu gewinnen, und das eigenthümliche System des Krieges im Frieden, welches die Politik der jetzigen Regierung Oesterreichs bildet, fortzusetzen, kann die völlig neue Schöpfung, wie sie der österreichisch-deutsche Handelsbund schaffen würde, die Umgestaltung aller materiellen und politischen Fundamente des Lebens zweier großen Staatengebiete nur für eine gewaltsame Ungeheuerlichkeit, für eine ungeheure Umwälzung erachtet werden, welche weder Oesterreich noch Deutschland ertragen könnten. Doppelt zum Wagniß müßte eine solche Verbindung wegen des ökonomischen und finanziellen Elementes werden, das erst neuerdings wieder scharfe, aber unwidersprechbare Beleuchtung erhalten hat. Ein Staat wie Oesterreich, in dem die Steuern bis zum Uebermaaß erschöpft sind, der seine Deficits nicht auf gewöhnlichem Wege decken kann, erlaubt bei den Mißverhältnissen seiner Finanzen und seines ganzen Geldsystems keine Experimente von so unberechenbarer Tragweite.

Der Zollverein enthält die Anfänge einer nationalen Föderation; er hat dem volkswirthschaftlichen Verkehr ein großes Ländergebiet eröffnet, ja der deutschen Industrie längst ohne Oesterreich da einen Markt gesichert, wohin man nach den Aeußerungen der österreichischen Presse nur mit und durch Oesterreich kommen zu dürfen und zu sollen scheint, im Orient. Wenn der Zollverein begreiflicher Weise den nationalen Gedanken nicht erschöpfen konnte, so hat er doch Jahre lang dem zerrissenen Deutschland Vortheile gebracht, die es ohne denselben absolut hätte entbehren müssen. Preußens Stellung im Zollverein ist keine usurpirte, willkürliche; sie beruht auf natürlichen materiellen Grundlagen, auf seiner Bedeutung als erstem und bedeutendstem Handels- und Industriestaate des Zollvereins. Als solcher ist der Großstaat Preußen im Innern wie nach Außen der natürliche Vertreter von Interessen, deren Schwerpunkt in industrieller und commercieller Beziehung in Norddeutschland liegt. Diesen Schwerpunkt kann willkürliches Belieben nicht ändern oder verlegen, und nur die Tendenz, welche gegebene, wohl der Weiterentwickelung fähige, aber nicht der totalen Umkehr gewachsene Verhältnisse zum Werkzeuge lediglich politischer Pläne machen zu können glaubt, kann den tiefen Zwiespalt zwischen den handelspolitischen Interessen des Zollvereins und des österreichischen Kaiserstaats vergessen machen wollen. Darüber kann keine noch so schöne Phrase wegbringen und täuschen. Oesterreich kann ebensowenig als zweite Macht in den Zollverein treten, als Preußen freiwillig auf die Stelle verzichten, welche ihm die ganze Natur der Verhältnisse anweist. Deutschland und Gesammtösterreich zu einem Handelsbunde zusammen zu schmieden, zu einem Ganzen mit einer Anzahl widerhaariger Elemente, hieße nur die Verschiedenheit von Interessen, welche schon in viel kleinerem Umfang des Zollvereins vorhanden ist und schon hier ein Heer lähmender Schwierigkeiten erzeugt, ins Unendliche vermehren und dem Kampfe um die politische Hegemonie noch den um so hartnäckigeren Kampf um die handelspolitische zugesellen, als schon die bloße Verbindung den Reiz und die Aufforderung dazu enthalten. Hat doch bereits die Erfahrung der letzten Jahre hinlänglich bewiesen, wie lähmend schon jetzt der Einfluß Oesterreichs unmittelbar und mittelbar durch die auf seiner Seite stehenden Staaten für die Weiterentwicklung und Verjüngung des Zollvereins wirkt! Oesterreichs Ziele liegen anderswo; es hat kein Interesse an der Ausdehnung und Blüthe deutschen Handels und Industrie in dem Sinne, wie diese es sich zur Lebensaufgabe machen müssen. Der Streit der beiden Mächte, Oesterreich und Preußen in einem gemeinsamen colossallen Handelsbund, würde einen beständigen Kampf der Interessen herbeiführen, welcher mit einer gänzlichen Stagnation des wirthschaftlichen Lebens der Nation enden müßte.

Aus diesen Gründen erscheint die Zurückweisung des Danaergeschenks des österreichisch-deutschen Zollvereinsvertrages als eine commercielle und nationale Nothwendigkeit und daher als eine Pflicht der deutschen Politik. Man hat auf dem Bundestagsfelde consequent dahin gestrebt, Preußen zu einem Schritt zu drängen, der, so überraschend und bedenklich er auch auf den ersten Blick hätte scheinen müssen, doch von der Nothwendigkeit der ersten Staatspflicht, der Pflicht gegen sich selbst geboten gewesen wäre. Es würde unnatürlich sein zu erwarten, daß ein mächtiger und selbstständiger Staat sich in der ihm gebührenden Stellung und in seinem Einfluß einer von Oesterreich präsidirten Stimmenmehrheit abhängig unterordnen solle.

Dieselbe Tendenz hat sich auch auf dem commerciellen Gebiet mit aller Energie geltend gemacht. Dem gegenüber giebt es nur eine Alternative. Entweder die Zollvereinsstaaten, welche den Eintritt Oesterreichs befürworten, geben ihre hemmende und antinationale Politik auf und entschließen sich zu einem aufrichtigen Zusammengehen mit Preußen zur Erneuerung und Verjüngung des Zollvereins auf der Basis eines freieren Zoll- und Handelssystems —

Oder Preußen macht sich von den widerstrebenden Elementen los, die seine Selbstständigkeit beeinträchtigen, seine freie Bewegung hindern und ihm fortwährend Verlegenheiten bereiten; es geht seinen eigenen Weg und vertraut der eigenen Kraft.

Eine kräftige freisinnige Handelspolitik muß ihm alsbald die regsamen norddeutschen Staaten zuführen und die etwaigen augenblicklichen Nachtheile würden bei umsichtiger Benutzung der vorhandenen Hülfsmittel bald aufgewogen werden. Preußen würde sich aber auf diese Weise nicht dem gemeinsamen Vaterlande entziehen, sondern dessen wahren Interessen am besten dienen. Denn eben darin liegt die providentielle Stellung Preußens, daß seine eigenen Interessen mit denen Deutschlands zusammenfallen und daß beide nicht von einander zu trennen sind.

VIII.
Die ultramontane Propaganda.

Die Kirche Roms war selbst aus dem Jahre 1848, das so vielem Alten und Gewohnten gefährlich geworden, nur mit gesteigerten Ansprüchen und Entwürfen, mit größeren Eroberungen hervorgegangen. In Deutschland wußte Niemand schneller alle Consequenzen der Grundrechte zu durchschauen und aus ihnen möglichst vielen Gewinn zu ziehen als der Klerus. Die Denkschrift der in Würzburg versammelten Erzbischöfe und Bischöfe Deutschlands vom 14. November 1848 ist in dieser Hinsicht ein merkwürdiges, sehr bezeichnendes Aktenstück. Sie erkannte es sehr wohl, daß auch „die Kirche ein lebendiges Interesse habe an der Sicherung alles desjenigen, was der allgemeine Ruf nach Freiheit von administrativer Bevormundung und Kontrole Wahres enthalte." Sie nahm darin, falls sie nicht ferner die Stellung „einer öffentlich um ihrer höheren Mission willen bevorzugten Korporation" eingeräumt erhalten sollte, ihr „ursprüngliches Princip, das der vollen Freiheit und Selbständigkeit, in Ordnung und Verwaltung ihrer Angelegenheiten" wieder auf, beanspruchte unter den ihr zustehenden Rechten das volle Recht der Lehre und Erziehung mit gänzlich freier Hand über alle zur Ausübung desselben erforderliche Mittel, die unbeschränkte Freiheit der Lehre und des Unterrichts, sowie die Errichtung und Leitung eigener Erziehungs- und Unterrichtsanstalten im ausgedehntesten Sinne; Leitung und Visitirung des Religionsunterrichts an allen öffentlichen Unterrichtsanstalten, wo katholischer Religionsunterricht ertheilt wird; freie und ungehinderte Errichtung von Seminarien; Verwaltung ihres Vermögens; alleiniges Prüfungsrecht der jungen Geistlichen mit Beseitigung jeder Mitbetheiligung des Staats als einer wesentlichen Beschränkung der kirchlichen Freiheit und einer Beeinträchtigung der bischöflichen Rechte; freie Bewegung der Kirche in ihrem Rechte, „auch die leibliche Wohlthäterin der Völker zu sein" (Armenwesen); Associationsfreiheit für alle geistlichen Vereine; freie und selbständige Verwaltung und Verwendung alles katholischen Kirchen- und Stiftungsvermögens, und endlich feierlicher Protest gegen Alles, „was den Verkehr der Bischöfe und Gläubigen mit dem heiligen Vater und des heiligen Vaters mit ihnen einer fortwährenden mißtrauischen Kontrole unterwerfen möchte" („freier Verkehr mit dem Mittelpunkte der Einheit") und demgemäß Verwahrung gegen „jede Art eines die selbständige und freie Verkündigung geistlicher Erlasse hemmenden Placets als wesentliche Verletzung des unveräußerlichen Rechts der Kirche, gegen jede mißtrauische Ueberwachung des Verkehrs zwischen Hirt und Heerde". Dieses Programm, dessen bezeichnende Pleonasmen nicht unserm Auszuge zur Last fallen, ist klar genug; es enthält alle die Forderungen, zu deren Erfüllung man nun die Zeit gekommen glaubte. Wenn aber dabei noch, freilich nur nebenbei in Kürze, der Grundsatz der kirchlichen Freiheit auch für die Bekenner anderer Glaubenslehren zugestanden wurde, so sehen wir nur zu bald, mit dem Ablaufe der Bewegung, den alten Geist der Kirche sich in seiner ganzen Exclusivität geltend machen und an den Staat die Forderung stellen, daß er ihr seinem Arm leihe, um ihre Gegner erfolgreicher bekämpfen zu können oder zum Schweigen zu bringen. Mit den Klagen des Ultramontanismus über die noch obwaltenden Beschränkungen seiner Unabhängigkeit verbindet sich überall zugleich die Klage über den Rest der Freiheit, der hie und da noch seinen Gegnern gelassen ist. Selbst unbeschränkt möchte man seine Gegner sich vom Staate selbst mit gebundenen Händen ausgeliefert sehen.

3*

Das katholische Oesterreich, dessen Politik stets im Katholicismus ihre Stütze gefunden, befand sich sogleich beim Beginne der Bewegung der Kirche und ihren Gliedern gegenüber in einer sehr eigenthümlichen Lage. Seine italienischen und ungarischen Lande hatten den alten, von der Geschichte tausendmal widerlegten und immer wieder auftauchenden Gemeinplatz Lügen gestraft, daß der Katholicismus ein Universalmittel gegen den Geist der Revolution sei und ihm ein für allemal eine bestimmte bürgerliche Gesinnung entspreche. Erzbischof Romilly in Mailand, Szitowsky, Primas von Ungarn als Erzbischof von Gran, hatten offen Partei für die Rebellion genommen, und der Bischof Mich. Horvath saß als Minister im Rathe Kossuth's. Welchen Weg dem Klerus gegenüber sollten diese Erfahrungen Oesterreich im Innern einschlagen lassen? Ein Zusammentreffen besonderer Verhältnisse mehr vielleicht als Staatsweisheit entschied darüber: eine fromme Kaiserin-Mutter, und der Umstand, daß Fürst Schwarzenberg, der Urheber der aggressiven Politik Oesterreichs, ein Bruder des Erzbischofs von Prag war. Man hoffte, durch die Gewinnung der obern und bessere Disciplinirung der untern Geistlichkeit zugleich die innere Ruhe und den äußeren Einfluß zu fördern. Das Josephinische System hatte ein entgegengesetztes Princip verfolgt: es setzte dem Walten der Bischöfe manche Schranke und verlieh der niedern Geistlichkeit Schutz gegen den Druck der obern. Mit dem Verlassen dieses Systems war nothwendig eine Erhöhung des Glanzes und der Macht der obern Geistlichkeit verbunden; den Priestern aber ließ man nur die Eine Wahl: durch Gehorsam gegen Rom sich die einzige Möglichkeit zu wahren, gleichfalls auf der Stufenleiter der Hierarchie zu hohen Ehren emporzusteigen, um nun ihrerseits das nach unten zu üben, was sie früher selbst gedrückt hatte. Der Gedanke war nicht übel. Man gewann zu dem Einen Pfeiler Neu-Oesterreichs, dem Heere, einen zweiten, den Klerus, nicht minder disciplinirt, aber auch nicht minder unproductiv. War die Rechnung richtig, warf der Klerus seinen weitgehenden Einfluß für die Regierung in die Schaale, so durfte man erwarten, bei dem Ueberwiegen des römischkatholischen Bekenntnisses den Nationalantipathien die Spitze abzubrechen, und damit war Vieles gewonnen. Aber hatte man auch Alles berechnet, als man ein Element entfesselte, das stets seine eigene Rechnung gemacht und stets geneigter gewesen, selbst zu herrschen als sich den Plänen und Entwürfen Anderer anzuschmiegen? Wir zweifeln daran. Schwerlich hat man bei der Ertheilung der ersten wichtigsten Concessionen an die Kirche (1850) an den ganzen Umfang von Hoheitsrechten gedacht, welche geopfert werden mußten, noch auch an die Rechtsverletzungen, welche die Bevorzugung der einen Confession gegen die akatholischen Bewohner des Kaiserstaats im Gefolge haben mußte. Auch die nationalökonomische Seite der Frage wurde vernachläßigt oder übersehen. Jede Statistik hätte Aufschluß geben können, von welch' schädlichem Einflusse auf die Finanzen direct oder indirect die erhöhte Pflege des kirchlichen Formalismus in Wallfahrten, Feiertagen u. s. w. sein mußte. Und die Finanzen waren nie Oesterreichs starke Seite; ihre Herstellung erforderte eine Gesammtanstrengung der öconomischen Hülfsquellen, und im gleichen Augen-

blicke schmälerte man letztere wesentlich durch die Begünstigung von Bestrebungen, welche sich mit der Hauptaufgabe des österreichischen Staats: mög-
lichster Erhöhung seiner Steuerkraft durch Arbeit, in großen Widerspruch
setzen. Man achte diesen Punkt nicht so gering, als er scheinen könnte: man
bedenke z. B. nur, wieviel Millionen von Arbeitstagen die Wallfahrten der
Production entziehen, und wieviel dann noch zurückbleibender Unterricht (der
Klerus erweist sich den naturwissenschaftlichen Studien und den Realschulen
überhaupt nicht geneigt) der productiven Thätigkeit schaden muß.

Den Nichtkatholiken gegenüber ließ man eine Ungerechtigkeit bestehen,
daß nämlich katholische Gymnasien aus den Steuern der Bewohner jedes
Glaubens unterstützt, dagegen die protestantischen als Privatanstalten behan-
delt werden. Ja man dehnte sogar später dieses unbillige Mißverhältniß auf
die Volksschulen aus. Die evangelische Kirche entbehrt noch heute der verheißenen und erwarteten Gleichstellung, und es ist ihr neuerdings die Aussicht
darauf so gut wie verschlossen.

Anders freilich stellten sich die Vortheile des Concordats nach außen.
Das österreichische Concordat erschien als die Erfüllung der kirchlichen
Wünsche auf Einem bedeutenden Punkte: kein Wunder, daß der obere Klerus
aller deutschen Staaten gemischter Bevölkerung Oesterreich als sein Paradies
betrachtete; daß die ultramontane Presse und die Generalversammlungen der
katholischen Vereine in das Loblied der österreichischen Regierung einstimmten,
und erstere es sich noch zu einer besondern Aufgabe machte, die österreichische
Hegemonie zu befürworten und nach Kräften zu fördern. Eine solche Thätigkeit blieb nicht unvergolten. Man kennt die Unterstützung, welche in dem
Streite der Regierungen der oberrheinischen Kirchenprovinz mit ihren Bischöfen
die bischöflichen Forderungen bei Oesterreich fanden. Was die Presse betrifft,
so befand sich ihr gegenüber Oesterreich in einer etwas seltsamen Lage.
Oesterreich hatte sich stets vom deutschen Geistesleben abgesperrt, und auch
in den letzten Jahrzehnten hatte man dem Einfluß auf die deutsche Presse
keine Aufmerksamkeit geschenkt. Woher nun auf einmal die Anhaltspunkte
nehmen, um das Versäumte gut zu machen? Was in Oesterreich die neue
Zeit an schöpferischer Thätigkeit hervorrief, war doch nur auf Beseitigung von
Zuständen auf allen Gebieten des Staats gerichtet, die in Deutschland für
längst überwunden gelten konnten; was aber über diese Fortschritte hinaus
in österreichischen Verhältnissen doch stetig und wenig verändert blieb: Des-
potie und Finanznoth, waren keine Dinge, die sich dem deutschen Sinn irgend
annehmbar machen ließen. So blieb denn wenig anders übrig als die sog.
kirchliche Freiheit, wie man sie ja schon im Jahr 1848, dabei an die Rückkehr
der Jesuiten denkend, hatte als „deutsches Grundrecht" mit decretiren helfen.
Sie erhob man zum Panier, und um dieses Panier ließ man die klerikalen
Blätter aller Länder sich schaaren. Und in dieser Richtung entwickelte sich
denn auch eine ungemeine Thätigkeit, und ihr dienten und dienen eine Menge
Kräfte bis in die höchsten Kreise hinauf. Mittelpunkt wurde ein Preßcomité
in Wien mit dem ehemaligen Luzerner Staatsschreiber Bernhard Meyer an
der Spitze; in Leipzig wurde das einst für die schriftstellerische Thätigkeit

Adam Müller's errichtete Generalkonsulat in gleichem Sinne wieder herge-
stellt; die „Freimüthige Sachsenzeitung" ist seine edelste wohlbekannte Frucht!
Es entstand ein ganzes Netz ultramontaner Blätter, das unter mancherlei
Form von Oesterreich unterstützt, nicht müde wurde, von der alten Kaiser-
herrlichkeit und der neuen Größe des mitteleuropäischen Reiches zu predigen.
Mit dieser Sorge für die Presse verband sich ein anderes Gewinnungs-
mittel: das rege Interesse für deutsche katholische Kirchen. Wo es der
Restauration einer süddeutschen Domkirche galt, ließ die österreichische Regierung in reichlichen Spenden ihre Unterstützung zufließen, und die Presse
wiederum ergriff begierig diese Gelegenheit, ihre Theorie mit der Praxis zu
verherrlichen. Wir brauchen hiebei nichts zu deuten; die Presse selbst gab
ihre exclusiven Commentare offen genug mit einer Naivetät, die jeden Zweifel
zur Bornirtheit stempeln müßte.

Das eben noch im eigenen Hause bedrängte Rom, einmal wieder Herr bei sich
selbst, hatte sofort sein Augenmerk auf Rückeroberung verlorener Gebiete, auf
Eroberung neuer gerichtet. In enggeschlossenen Reihen, nach Einem Kom-
mandewort, wurde der Feldzug eröffnet; und der bewundernswürdigen Consequenz und Beharrlichkeit fehlte es nicht an manchen glänzenden Siegen.
Der bedeutendste Erfolg war das Concordat mit Oesterreich, ein Werk das
zu jeder andern Zeit fast nur ungläubiges Erstaunen gefunden hätte, jetzt
aber nicht nur weltkluge Vertheidiger, sondern auch ideologische Billiger fand.
Dem Concordate lag der nicht unrichtige und manchem andern Staate zu
empfehlende Grundsatz unter, sich mit der Kirche so vollständig wie nur
irgend möglich auseinander zu setzen — aber wie sah sich diese Absicht in
ihrer Ausführung an! Von Seite Roms wird noch an andern ähnlichen Erfolgen gearbeitet und schon ist ein neuer in Würtemberg errungen, und zwar
ein so gründlicher, daß über die unwillkommene Bescheerung und ihre Folgen
das Land in die größte Aufregung gerieth, in der selbst ein abenteuerliches
Gerücht Ursprung und Boden fand. Auch Baden sollte mittlerweile sich nach
großen Anstrengungen den eigenthümlichen Segen eines solchen modernen
Concordats errungen haben, scheint aber neuerdings ernstes Bedenken zu
tragen, das kirchliche Joch auf sich zu nehmen. Wir haben gesehen, wie
Oesterreich den Sieg Roms Deutschland gegenüber zum eigenen Siege zu
benutzen suchte. Eine gefährliche Waffe, die im Hause Habsburg nicht unge-
wohnt ist, ihm und den Völkern aber nie zum Segen gereicht hat. Hatte
Rom dem ihm zur Eroberung reif scheinenden Protestantismus den Krieg
erklärt, so konnte Oesterreich ein Mittel, das nicht sein, sondern der katholischen Kirche Werkzeug war und ihm nur so lange diente, als es das eigene
Interesse durch die Richtung der weltlichen Macht gewahrt und geschützt sah,
nicht benutzen, ohne ihm diese zweite Seite des Feldzugsplanes, frei zu geben.
Dasselbe Oesterreich, das nur mit der Emancipation der katholischen Kirche
begonnen hatte, um, wie es vorgab, oder wirklich beabsichtigen zu können
sich schmeichelte, auch die protestantische Kirche in diesem Rechte folgen zu
lassen, konnte und durfte es nicht verhindern, daß die der Fesseln, oder was
eigentlich nur sie so nannte, entledigte katholische Kirche sich mit neugestärkten

Kräften auf den Protestantismus warf. Seltsames Verhängniß! Die ultramontane Presse rühmt mit demselben Munde den treuen Sohn der Kirche,
mit dem sie gegen den Protestantismus als „einer Partei des Umsturzes,
nicht einer Secte", das Anathema ausstößt. Daß die geistige Geschichte
Deutschlands in den letzten Jahrhunderten eine wesentlich protestantische ist,
nicht durch Zufall, sondern durch ein höheres Gesetz, darf sie nicht zugeben,
und dazu fehlt ihr auch jedes Verständniß. Auch dem heutigen Oesterreich
fehlt es, wie dem alten, dessen Herrscher consequent den Protestantismus als
eine ihnen feindliche Macht betrachteten.

Was also Einzelne der katholischen Bevölkerung jetzt anziehen konnte:
die Sorge Oesterreichs für die katholische Kirche, die Großmuth und Freigebigkeit gegen ihre Kirchen und Anstalten, mußte die Gesammtheit der protestantischen Bevölkerung abstoßen; denn hinter jenen an sich natürlichen, un-
anstößigen Bestrebungen hatte die ultramontane Presse nichts Eiligeres und
Angelegentlicheres zu thun, als den ganzen wilden Religionshaß, den Fanatismus und die ausschweifendsten Vorwürfe gegen den Protestantismus und
protestantisches Wesen zu entfesseln. Die neue Freiheit hatte die Zügel entfernt, und man benutzte sie in reichlichstem Maße. Die groben Schmähungen,
die in deutschen Staaten sich heute nur in ultramontanen Winkelblättern,
und da nicht ungestraft breit machen dürfen, im neuen („verjüngten!") Oesterreich tönen sie aus dem Munde von Männern, deren Bildung, Amt und
Würde einen antediluvianischen Zelotismus fast unglaublich erscheinen lassen
sollten. Und wäre es nur noch Oesterreich, dem aller dieser Eifer wirklich
diente, und müßte es sich nur nicht sagen, daß dieser fanatische Eifer nur
soweit auf seiner Seite ist, als er von Oesterreich seinen eigenen Vortheil
gefördert sieht! Aeußerungen, wie die eines k. k. Professors an der Univer-
sität Krakau (Walewski in seiner „Geschichte der heil. Ligue und Leopolds I."):
„Gregor XVI. stand schon auf dem Punkte, die Acht über Oesterreich auszusprechen und Oesterreich schismatisch zu nennen; dann würde von dem
österreichischen Kaiserthum nichts mehr übrig geblieben sein als von dem
Napoleon's I.", sollten zur Vorsicht mahnen und die Augen öffnen über die
eigentliche Quelle der ultramontanen Theilnahme für das österreichische Primat.

Es erübrigt uns noch ein Wort über das kirchliche Gebiet. In
der Geschichte Kaiser Ferdinands II. begegnet man einem großartigen Plane,
welcher, wenn man es verstanden hätte, dadurch die Nation auf seiner Seite
zu haben, dem Kaiser die Aussicht auf Beherrschung von ganz Deutschland
eröffnete. Es war Wallensteins Vorschlag, unterstützt von Khevenhüller und
andern Staatsmännern, bezüglich der Religion gemäßigte Gesinnungen zu
zeigen und Glaubensfreiheit zu gestatten. Hätte der Kaiser sich auf die
Höhe dieses kühnen Entwurfes schwingen können, die Welt hätte eine andere
Gestalt erhalten mögen. Statt dessen erwirkten die Jesuiten, deren ächter
Zögling Ferdinand war, das unkluge Restitutionsedikt; damit ging die bereits
gewonnene Stellung verloren. „Dem habsburgischen Absolutismus hat der
Katholicismus in den beiden Kreisen der Reformation und des Aneinander-
löthens so divergirender Nationalitäten rastlose und höchst nützliche Sappeur-

und Mineursdienste gethan" (Hormayr, Anemonen), oder auch die Stellung des Protestantismus zu Oesterreich war damit für immer gegeben und bestimmt. An dem Degma scheiterten Habsburgs Herrscherpläne. Aber auch jede lebendige Entwickelung auf kirchlichem Gebiete erstarb unter dem unseligen Einflusse der Jesuiten. Feuer und Schwert unterdrückten nicht nur die Reformation, auch das geistige Leben, jede höhere Ausbildung der Wissenschaft, jeden erheblichen culturhistorischen Fortschritt. Was Joseph II. der Hierarchie gegenüber, theilweise an's andere Extrem streifend, gethan, war nur ein kurzes, fast einflußloses Intermezzo. Heute trägt das Concordat seine unheimlichen Früchte; der confessionelle Streit ist wieder zur Flamme angefacht; Kirche und Klerus schüren den Fanatismus und blinden, hassenden Eifer; überlebte Institutionen haben Oesterreich zur fruchtbaren Stätte für ihre antediluvianischen Experimente gewählt, und wuchern, bei dem Mangel eines Gegengewichts in einem gesunden politischen Leben, in üppiger Fülle, gar oft zum Staunen der Welt, die solches nicht mehr für möglich gehalten. Man sage nicht, das Concordat sei ein todter Buchstabe geblieben. Todt insofern, als ein Anachronismus nicht das Lebenselement einer Zeit werden kann, ist es lebendig genug, die Verwirrung der staatlichen Zustände zu steigern, den confessionellen Gegensätzen die alte Schärfe zu geben, und die Regierung statt des Friedens, den sie bezweckte, den Kampf und Verlegenheiten aller Art gewinnen zu lassen. Bei dem ernsthaft gemeinten Versuche, das Concordat in seinen tiefgreifenden, gewaltigen Prinzipien auszuführen, hat sich das lehrreiche Resultat ergeben, daß dasselbe in einem unversöhnlichen Widerspruche mit den staatlichen Institutionen stehe, besonders mit denjenigen, auf welchen der Neubau Oesterreichs beruht, mit dem Culturgrade oder Culturbedürfnisse der Bevölkerung, mit berechtigten Staatszwecken, mit der äußern und innern Politik, mit den Forderungen des Jahrhunderts, und daß die Hindernisse in allen politischen und socialen Verhältnissen vom kleinsten bis zum größten, massenhaft hervortreten." Ein schmeichelhaftes Zeugniß! Das ist allerdings ein unnatürliches Verhältniß (und wird es noch mehr in Italien, wo die Stärkung des Klerus durch das Concordat gleichbedeutend ist mit der Schwächung der kaiserlichen Macht, da die dortige ultramontane Partei entschieden antikaiserlich, hypernational gesinnt ist), aber deshalb zu hoffen, daß es die Anschauungen über die Grenzen, innerhalb deren, und über die Bedingungen, unter welchen das Concordat ausführbar ist, wohlthätig klären werde, oder vielmehr, daß die Erkenntniß dieser Unnatürlichkeit die Abhülfe herbeiführen werde, ist uns nicht gestattet. Der Staat hat sich der Waffen zur Einwirkung auf wichtige Lebenskreise und zu seiner eigenen Vertheidigung gegenüber der Kirche zu großem Theile begeben; der Versuch, sie zurückzuerobern, wird schwere Kämpfe kosten. Die Selbstständigkeit der katholischen Kirche muß als ein Hülfsmittel der Unduldsamkeit und des Glaubenszwanges dienen. Ist Oesterreich stark genug, daß es die Uebergriffe der kirchlichen Gewalt mit Nachdruck und Beharrlichkeit zurückweisen kann? Streiten sich nicht unter seinen Staatsmännern selbst zwei entgegengesetzte Anschauungen um die Herrschaft?

Wenn Oesterreichs Vorgang im Concordat jetzt schon auf der einen Seite die Begehrlichkeit geweckt, auf der andern den staatlichen Widerstand so weit geschwächt hat (man sehe nach Würtemberg, dessen Concordat in einem paritätischen Lande ein doppelt großer Fehler ist), daß die Umsicht und die Bedingungen vergessen wurden, durch welche den hierarchischen Anmaßungen, den Umtrieben gegen die staatliche Ordnung, der Bedrückung Einzelner durch die Kirche mit Nachdruck zu steuern wäre, so fühlen wir keine Lust, die Last dieser Einflüsse durch die innigste Verbindung mit Oesterreich, durch seine Hegemonie in noch weit unberechenbarerem Grade auf uns zu nehmen. Wir lieben auch den Kampf des Geistes und daß die Geister aufeinander platzen, aber es müssen Geist und Geister sein, nicht mittelalterliche Schatten und Gespenster, und wir lieben nicht die Umkehr der Entwicklung; wir wollen nicht die geistlose Herrschaft überlebter Institutionen und wollen nicht die deutsche Zukunft dem Ultramontanismus überliefert sehen. Lasset die Todten ihre Todten begraben!

IX.
Abwehr und Ziele.

In der Erkenntniß der Gefahren liegt ihre Abwehr. Mit der Einsicht in die Politik Oesterreichs sind die Mittel gegen diese selbe Politik gegeben. Das Dogma des „verjüngten" Oesterreich ist der Absolutismus. Man nenne ihn einen wohlwollenden, immerhin! Die Mittel und Wege der Politik sind nicht weniger verschieden für Deutschland und Oesterreich. Das Staatsinteresse Oesterreichs und das Nationalinteresse Deutschlands haben sehr wenig mit einander gemein, und Oesterreich kann diesem immer bieten, was es bedarf. Wenn noch jüngst ein österreichischer Minister bemerkte: „Es giebt keinen Staat in Europa, in welchem so viele bildungsfähige Völker verschiedener Zunge neben einander wohnten als in Oesterreich, wo die Gesetze in 10 Sprachen kundgemacht werden; .... jeder Volksstamm hängt mit Begeisterung an seiner Sprache und ein nicht geringer Theil der geistigen Bewegungskraft Oesterreichs liegt in dieser naturgemäßen Begeisterung!" — so wissen wir, daß er damit auch die Schwäche Oesterreichs bezeichnet hat, daß das neue Oesterreich in dem Nationalitätsprinzip seine größte Gefahr erblicken muß und die sog. „Gleichberechtigung der Nationalitäten" in ihm nichts ist als die gleichmäßige Unterwerfung unter dem Einen centralisirten Absolutismus. Der Staat der Gegenwart aber bedarf der nationalen Grundlage und der Freiheit. Will Oesterreich Deutschland gewinnen, so muß es, in die Forderungen der Nation eingehend, ihr das Maß der Einheit und Freiheit gewähren, das der Geist der Zeit und das Bedürfniß der Nation nach Verwirklichung des nationalen Gedankens verlangt. Kann Oesterreich dies? Nimmermehr! In Deutschland herrschen, und zugleich den Absolutismus beibehalten und verstärken zu wollen, läßt sich nicht vereinigen. Oesterreich wird ebenso wenig sich an die öffentliche Meinung anschließen und den Forderungen der Zeit und Nation gerecht werden können, als es bei sich selbst mit dem Absolutismus wird brechen und seine Völker dem Wagniß freisinniger politischer Institutionen wird überlassen wollen. Wir anerkennen die Nothwendigkeit für Oesterreich, das lose Conglomerat seiner bunten Völkerbestandtheile unter der Einheit des großen Gesammtstaates zu sammenzufassen und zusammenzuhalten und ihnen, statt der auseinandergehenden Nationalitätsgefühle, das Gefühl der politischen Zusammengehörigkeit einzupflanzen, ohne durch die gefährliche Bevorzugung Einer Nationalität auf's Neue den Neid und die Eifersucht der andern zu wecken. Dies ist eine große, ja ungeheure Aufgabe, die, wenn sie überhaupt lösbar ist, von Oesterreichs Staatsmännern nur auf dem Wege der Civilisation in der höchsten Bedeutung des Worts gelöst werden kann. Aber dieser große Umgestaltungsprozeß, in dem Oesterreichs Hauptgefahren liegen, und von dessen Gelingen (noch vermissen wir die dem großen Zwecke entsprechenden großen Mittel in Wissenschaft, auf dem Gebiete der Schule, der Gewerbe, des Handels, der Presse, des politischen Lebens) denn doch wieder die Zukunft Oesterreichs abhängt, wird am wenigsten die Bezeichnung desselben als eines deutschen Staates rechtfertigen. Und hier liegt ebenso der Zwiespalt in dem österreichischen Regenerationsprozesse, der eine organische Verbindung der einzelnen Theile zu einer großen Staatsgesellschaft durch volksthümliche Entwicklung fordert und zugleich so gefährlich macht, wie die Kluft zwischen der Politik Oesterreichs und der deutschen Staaten.

Deutschland verlangt eine Verwirklichung des nationalen Gedankens, eine Einigung seiner staatlichen und nationalen Kräfte, eine Erfüllung seiner Bedürfnisse in deutschem Sinne. In seiner Volkskraft liegt seine Stärke, seine Geltung im europäischen Staatensysteme. Europa bedarf einer starken Mitte gegen die Uebergriffe der Extreme und damit seine Kräfte sich nicht in zerstörendem Kampfe gegen sich selbst wenden. Die ewiglebendige Macht der vernünftigen Ueberzeugung hat von manchen phantastischen Forderungen und Ansprüchen des Jahres 1848 die Nothwendigkeit ernster Reformen übrig behalten; sie können ihre Einführung in's Leben nur von der Hebung des volksthümlichen Elementes erwarten. Der deutsche Constitutionalismus muß eine Wahrheit werden, nicht durch eitle Opposition gegen die Staatsmacht, sondern indem er derselben die Bedürfnisse des Volks kennen lehrt, freimüthig und männlich der öffentlichen Meinung Ausdruck giebt und Beachtung erringt. Die politische Form bestimmt Geist und Gemüth der Nation. Der moderne repräsentative Staat strebt eine glücklich maßvolle Vertheilung der Gewalten unter die Regierung und das Volk und seine Vertreter an, die zusammen die Nation bilden; er bringt auch die Berechtigung des Individuums zum Bewußtsein; er nimmt den Menschen als Bürger in sich auf. Der moderne Staat scheut nicht die volksthümlichen Institutionen; sie sind vielmehr die Mittel für die Lösung seiner Aufgabe: der Entwicklung seines Volkes zu gegenseitiger Gerechtigkeit, Gesetzlichkeit und Freiheit. Ihm ist die Presse der Ausdruck der Bewegung des öffentlichen Geistes, dem er beobachtenden Auges folgt, ohne seine freie Bewegung zu beengen oder zu zerstören. Deutschland ist es vorbehalten, den modernen Staat zu seiner Entwicklung zu führen. Und wie das höchste Recht eines Volkes das Recht auf seine nationale Entwicklung ist, so muß es jede Störung derselben zu-rückweisen, wie es sich selbst auch keinen Eingriff in den Bildungsprozeß an-derer Völker erlaubt. Mit dieser Aufgabe des modernen kann und wird sich auch der ächte Conservatismus befreunden, da auch er nur in der organi-schen Umformung und Weiterbildung das wird erhalten können, was an die-sem gut und dauernd ist. Stillstand kennt das Leben nicht.

In der Hebung des volksthümlichen Elements in Ständewe-sen und Presse erkennen wir also die erste Abwehr gegen die Versuche Oesterreichs, die deutsche Entwickelung durch die Vermengung mit seiner eige-nen ungelösten zu stören, zu verwirren, zu vereiteln.

Auf dem commerciellen Gebiete haben wir die Nachtheile des Zoll-einigungsvertrags mit Oesterreich darzustellen versucht. Seine Zurückweisung erscheint uns als eine commercielle und nationale Nothwendigkeit, und daher als eine Pflicht der deutschen Politik. Man hat Preußen auf dem Bundes-tagsgebiete nahe dahin gebracht, einen Schritt zu thun, der, so überraschend und bedenklich er dem oberflächlichen Blicke hätte erscheinen müssen, doch von der eisernen Nothwendigkeit der ersten Staatspflicht, der Pflicht gegen sich selbst und seine heiligsten Pflichten dictirt gewesen wäre. Es wäre eine Unnatürlichkeit zu erwarten, daß ein mächtiger und selbständiger Staat sich in der ihm gebührenden Stellung und in seinem Einflusse von einer Stim-menmehrheit abhängig machte. Ja, dieser nothgedrungene Schritt hätte sich nur an Deutschland selbst bitter rächen müssen. Das gefährliche Spiel scheint sich auf dem Zollvereinsfelde wiederholen zu sollen, und schon ist neuerdings wieder die Frage einer demnächstigen Auflösung des Zollvereins lebhaft angeregt worden. Auch wir sehen nur Eine Alternative: ent-weder die Zollvereinsstaaten, welche den Eintritt Oesterreichs befürworten, entschließen sich, ihre hemmende, antinationale Politik aufzugeben, ermannen sich zu einem aufrichtigen Zusammengehen mit Preußen, und einen sich auf der bestehenden Grundlage zu einer Erneuerung und Verjüngung des Zoll-vereins auf der Basis eines freieren Zoll- und Handelssystemes und in der Richtung einer größern Ausbildung des Handels mit dem mächtig aufblü-henden Amerika, auf das Deutschland schon nach seiner geographischen Lage und mit seinen Haupthandelsplätzen von uralter Bedeutung mehr und näher angewiesen ist als auf den verkümmerten und verarmten Orient, den Oester-reich so gerne in lockendem Lichte erscheinen läßt; — oder Preußen mache sich von dem Chaos widerwilliger Elemente los, die seine Selbständigkeit beeinträchtigen möchten, seine freie Beweglichkeit hindern, seine Macht durch fortwährende Verlegenheiten zu schmälern suchen; es gehe seine eigenen Wege, und vertraue auf neuen Bahnen der eigenen Kraft. Eine kräftige, freisinnige Handelspolitik muß ihm alsbald die regsamen norddeutschen Staaten zu-führen, und der augenblickliche Nachtheil würde bald in umsichtiger Benutzung der großen staatlichen Hülfsmittel weit aufgewogen werden von einem blü-henden, gesunden Zustande ungestörter Entwickelung, einem ungeahnten Auf-schwunge der Industrie und des Handels und einer unausbleiblichen hohen

Geltung auf dem Weltmarkte. Preußen aber würde sich auf diese Weise nicht Deutschland entziehen, sondern ihm erst recht erhalten. Wenn Preußen so, seiner Stellung und hohen Aufgabe bewußt, fest entschlossen das Gebot der Nothwendigkeit in den freien, festen Entschluß umwandelnd, das thun wird, wozu Deutschland in seiner schwankenden Zerrissenheit sich nicht erheben zu können scheint, dann wird, dann muß sich ihm die Intelligenz, der nationale Gedanke, die geistige und materielle Kraft Deutschlands trotz aller Hemmnisse von Neuem und dauernd zuwenden, und die vereinigte Macht dieser Elemente den Sieg davon tragen über die Politik des Schwächens und der Entzweiung. So wahr ist es, daß „das preußische Volk dem deutschen Volke am besten dienen wird, wenn es seine eigenen Interessen im Auge hält, und daß darin eben die providentielle Stellung Preußens liegt, daß beides nicht von einander zu trennen ist."

Auf dem kirchlichen Gebiete wird die größte That des deutschen Volkes, die Reformation, den Kampf bestehen gegen die alten Mächte der Finsterniß, der geistigen Unmündigkeit, der confessionellen Wühlerei. Darum ist uns nicht bange; aber Pflicht eines jeden Freundes der Glaubens- und Gewissensfreiheit ist es, an seinem Theile nach Kräften an diesem Kampfe theilzunehmen. Der culturpolitische Kampf der germanischen Volksthümlichkeit gegen das in Staat und Kirche eingedrungene Wälschthum, gegen den Ultramontanismus gehört zu den Aufgaben Deutschlands. „Deutschland ist das Land der rechtlichen Parität und Selbständigkeit für alle christlichen Confessionen; dahin wird es durch seine Geschichte gewiesen." Gegen den Einfluß alter, fremder und abgelebter Welfen, die ein unheimliches Wesen in so grellen Widerspruch mit der Licht und Klare heischenden Zeit bringt, schützt sittliche Kraft und Thätigkeit, volksthümliches Leben aus dem eigensten Gemüth und Herzen. Mit tiefem, sittlich-religiösem Ernste betreibt Deutschland jene Aufgabe, und soll sie lösen im Geiste der großen Ideen der Reformation. Auf diesem Boden werde die Gemeinsamkeit der evangelischen Kirche gefördert, und der Bund evangelischer Christen, wie er namentlich in der evangelischen Allianz sich gebildet hat, zum fruchtbaren Keime eines gesunden religiösen Lebens, wie zum Hort gegen die Umtriebe und Anmaßungen des uns fremden, anachronistischen Ultramontanismus und seiner antinationalen, die deutsche Entwickelung gefährdenden Partei!

X.
Schluß.

Einigung ist die große Aufgabe Deutschlands, Einigung auf der Grundlage seiner eigenen staatlichen und nationalen Kräfte, aus seinem ureigenen Wesen heraus. An dieser Aufgabe arbeitet der deutsche Volksgeist; was ihr entgegen, weist er zurück. Darum, und nur darum, haben wir den hegemonischen Bestrebungen Oesterreichs, seinen unmittelbaren Eingriffen in die deutsche Entwickelung Berechtigung, einem etwaigen Erfolge das Heil absprechen müssen. Nicht Oesterreich, Preußen ist der Staat der deutschen

Hoffnung, das Ferment der deutschen Zukunft. Diesen Beruf kann Preußen nicht aufgeben, Deutschland nicht vergessen. In Preußen und nur in Preußen wird das Geschick Deutschlands entschieden.

Blicken wir heute zutrauensvoller, freudiger in die Zukunft, so ist es, weil wir glauben, daß man am Ende einer Politik der Zugeständnisse und der Selbstverläugnung angekommen, die Preußens Stellung, Deutschlands Zukunft zu gefährden drohte.

Aber wie soll sich die deutsche Zukunft erfüllen? An die Beantwortung dieser Frage ist hier nicht zu gehen; wohl aber sei noch wiederholt, was an einem andern Orte von einem Freunde des Vaterlandes gesagt worden:

„Eine bessere Verfassung für Deutschland ist nur zu hoffen durch eine Union der deutschen Staaten mit Preußens Principat. Und für Oesterreich ist ein kräftiges Aufleben des innern Staatsbaues nur zu hoffen, wenn die österreichischen Staatsmänner verstehen lernen, daß nur ein Bundesstaat, welcher eine wirkliche Großmacht ist, ein sicherer, schützender und zuverlässiger Nachbar auch für Oesterreichs Interessen sein kann. Und an diese Wahrheit muß immer wieder erinnert werden."

Druck von A. Paul & Co. in Berlin, Kronenstraße 21.